人、技、志で伸びゆく信州の企業たち

信州を元気にする注目企業15社

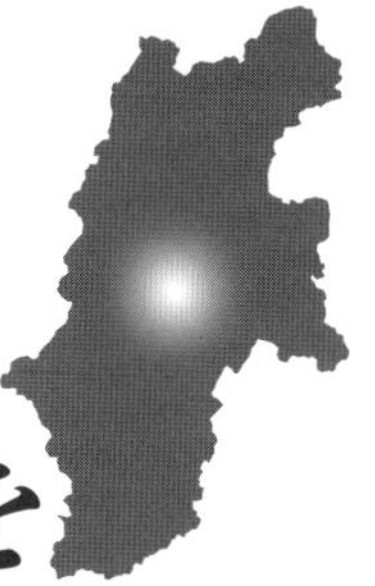

第一企画 編

ダイヤモンド社

目次

長野県知事インタビュー

信州の元気な企業とともに地方創生のフロントランナーを目指して

長野県は今、「しあわせ信州創造プラン（長野県総合5か年計画）」（2013年度～2017年度）のもと、「長野県人口定着・確かな暮らし実現総合戦略～信州創生戦略～」を展開中（2015年度～2019年度）だ。ここで、2060年の信州創生に向け、「活力と循環の信州経済の創出」など6つの基本方針を打ち立てている。時代に即応した社会・経済の成長を目指す長野県の取り組みについて、知事・阿部守一氏に語っていただいた。

阿部守一（あべしゅいち）
1960（昭和35）年、東京都生まれ。東京大学法学部卒業後、自治省（現総務省）入省。2001（平成13）年、長野県企画局長に就任。同年10月から副知事を務める。2007年4月、横浜市副市長に就任。2009年10月、内閣府行政刷新会議の事務局次長に就任。2010年8月、長野県知事選挙で初当選し、現在2期目となる。

左：山丸組山大製糸場（昭和初期　須坂市教育委員会発行『須坂の製糸業』より）
右：天竜川沿いの製糸工場群（明治後期　岡谷蚕糸博物館蔵）

かつて日本有数の工業県だった長野県

明治期中頃から大正期にかけて、長野県は日本有数の工業県でした。

1879（明治12）年、全国に665あった器械製糸工場（10人繰り以上）のうち、過半数の358工場（53・8％）が長野県に立地し、生糸生産高は全国一（全国の36・1％）、従業者の数では全国製糸工場従業者の半数近い9353人（48・9％）を擁していました。当時、近代的な工業といえるのは製糸業ぐらいでしたから、この時点で長野県は日本一の工業県だったといえます。

群馬県の富岡（現富岡市）に官営模範工場・富岡製糸場が開設されたのが1872（明治5）年ですが、早くも1874年には長野県埴科《はにしな》郡西条《にしじょう》村東六工《ひがしろっく》（現長野市松代町西条）に、民間では日本最初の器械製糸工場がつくられました。資金を出したのは、元松代藩の士族、商人、農民ら民間人9人。資金も知識も技術も乏しい中、彼らは、元松代藩の鉄砲鍛冶や鑓師《やりし》、大工棟梁などのノウハウを得て、見よう見まねで、蒸気器機をつくり上げました。繭を煮る釜は、富岡ではフランスから輸入した真鍮製のところ、西条村では松代焼の釜だったそうです。1875年頃、西条村製糸場（のちに六工社《ろっこうしゃ》）で日本型製糸器械が完成し各地に普及します。

こうしたイノベーションを経て、明治期中頃までに、長野県の製糸王国の地位はゆるぎないものとなります。諏訪郡平野村（現岡谷市）の製糸労働者数は、1903（明治36）年時点で4125人、うち1436人（34・8％）が県外出身者で、内訳は山梨県が第1位、岐阜県が第2位。1907（明治40）年頃、須坂町（現須坂市）では、製糸工女の21・0％が新潟県出身者で、町内出身者とほぼ同数だったといいます。長野県の工業が、各地から多くの人を集めたのです。

製糸業から精密機械工業への転換

昭和期に入ると、世界恐慌（1929〈昭和4〉年）・昭和恐慌（1930年頃）により、長野県の製糸業、養蚕業は壊滅的な打撃を受けます。生糸相場は大暴落して製糸業者は相次いで倒産、養蚕農家が多かった農村部は深刻な不況に見舞われます。

その後、日本は長い戦争の道を突き進むわけですが、太平洋戦争期、1942（昭和17）年の東京初空襲を契機に、長野県下への工場疎開が進みました。

経済統制と企業整備が進む中で、製糸業などの平和産業は次々と軍需産業に転換、これら大手疎開工場の下請けとなって、軍需品の生産を行うようになります。県下の軍需工場は、航空機関係が圧倒的に多く、1945（昭和20）年2月時点で、航空機関連の工場は全軍需工場の76・0％、350社を超えていました。

第二次世界大戦後、軍需工場のうち地元に残留した工場の中から精密機械工業が起こります。これらは、永世中立国スイスにちなんで、明確に「平和産業」を意識したものだそうです。スイスといえば時計。製糸工場の煙突が林立していた諏訪湖岸に、今度は時計・カメラ・オルゴール・顕微鏡・医療機器などを生産する工場が立ち並びます。1958（昭和33）年時点で、時計の生産額は東京・愛知に次いで第3位、カメラなどの光学機械は東京に次いで第2位、オルゴールは全国第1位でした。

精密機器を中心に諏訪地域のものづくりの技を発信する「諏訪圏工業メッセ」（写真提供：NPO諏訪圏ものづくり推進機構）

これらの転換（軍需産業への転換も含め）が可能だった理由として、製糸業で培った近代的な労働力が豊富にあったこと、各種下請け工場の集積（クラスター）があらゆる部品の製造を可能にしたことなどが挙げられています。

人口減少社会の到来と信州創生戦略

こうして長野県産業の歴史を振り返ってみると、その時代時代の社会経済の大変動の中で、いくたびか長野県がフロントランナーとなってきたことがわかります。それは、一産業分野にとどまらず、社会、教育、文化等々にも及びます。その原動力は、長野県民のたゆまぬ創意工夫（イノベーション）と旺盛でくじけない企業家精神だったと思います。

今、長野県、そして日本社会の最大の問題は何でしょうか。それは、2008（平成20）年をピークに始まった日本の人口減少で、すでに長野県では、2000（平成12）年の222万人をピークに総人口が減少に転じているのです。

人口減少では何が問題なのでしょうか。GDPと経済成長、生産年齢人口、社会保障をはじめとする国家財政、国内消費など、その動向がさまざまに議論されています。

長野県は、2017年度を最終年度とする「しあわせ信州創造プラン（長野県総合5か年計画）」を推進中ですが、そのうち、人口減少への歯止めと、人口減少を前提とした地域社会の維持・活性化に向けた取り組みをさらに深化・展開させたのが「長野県人口定着・確かな暮らし実現総合戦略〜信州創生戦略〜」です。計画期間は2015年度から2019年度までの5か年間で、2014年に制定された国の「まち・ひと・しごと創生法」に規定される「都道府県まち・ひと・しごと創生総合戦略」としての位置づけです。

2010（平成22）年の長野県の総人口は215万人でした。今後、人口減少に歯止めをかける政策を講じた場合でも人口の減少は続きますが、2060年に161万人、2080年頃から150万人程度で定常化するという見通しです。信州創生戦略では、こうした長野県の人口の将来展望を踏まえ、２０６０年の信州創生に向けた６つの基本方針を掲げています。
方針１　人生を楽しむことができる多様な働き方・暮らし方の創造
方針２　若者のライフデザインの希望実現
方針３　活力と循環の信州経済の創出
方針４　信州創生を担う人材の確保・育成
方針５　賑わいある快適な健康長寿のまち・むらづくり
方針６　大都市・海外との未来志向の連携
これらのうち、方針３の「活力と循環の信州経済の創出」が、県内産業経済の中長期にわたる施策の方向性を示したものです。これは、経済のグローバル化や人口の減少に伴う国内市場の縮小に対応した、強靭でしなやかな地域経済を構築するための方策です。地域の活力を維持していくうえでは産業を振興していくことが基本となりますから、経済界とも力を合わせて長野県経済の振興に取り組んでいきたいというのが、信州創生における産業の位置づけです。その具体的内容としては、以下のことを掲げています。
○海外を含む県外からの利益獲得強化
○労働生産性の向上による県内産業の「稼ぐ力」の向上
○地域資源を徹底的に活用し、地域で消費するものを地域で生産する「地消地産」の推進による地域経済循環の拡大

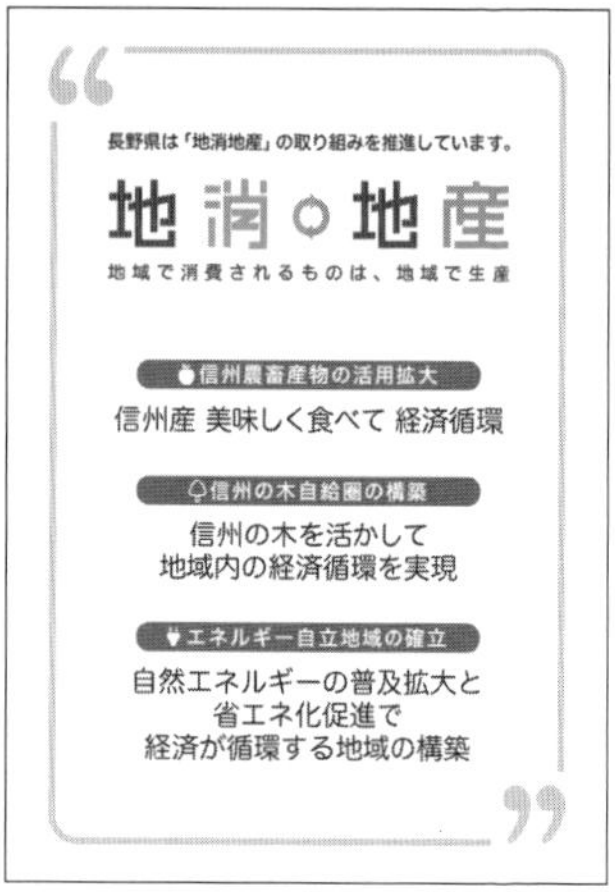

地消地産の取り組みを県民に呼びかけるポスター

地域経済循環の拡大を目指す地消地産

「地消地産」とは、「地域で消費するものやサービスを地域で生産する」という地域経済循環拡大の方策です。人口減少下での経済活力の維持・向上、さらに持続可能な社会の在り方として重要な考え方だと思います。長野県では、経済がグローバル化する中でも足腰の強い地域経済づくりを目指し、「信州農畜産物（信州産オリジナル食材）の活用拡大」「信州の木自給圏の構築」「エネルギー自立地域の確立」の3分野で、重点的に「地消地産」の取り組みを進めています。

例えば、県の水産試験場で開発した「信州サーモン」や「信州大王イワナ」は、その魅力を知っていただき、県内の飲食店、旅館、ホテルなどで広く使っていただけるようになりました。今後も、県外産から県内産への置き換えを進めていきます。

また、長野県は自然エネルギーの宝庫といわれます。晴天率の高い地域が多い、水量が豊富で傾斜地が多い、県土の約8割が森林といった県内各地域の特色を生かし、太陽光、水力、森林バイオマスといった自然エネルギーの普及拡大を目指しています。現在、エネルギー源の大半を海外から輸入する化石燃料に依存していますが、これでは地域の富が域外に流出していくことになります。自然エネルギーをもっと生かしていくことによって、その富を地域内で循環させることができるのではないかと考えているのです。私たちの足元の価値をもう一度見つめ直し、それを最大限に生かしていくことが、信州創生につながっていくと考えています。

２０１７年度は、こうした地消地産の取り組みを広く県民に呼びかけていく「しあわせバイ信州運動」を展開します。県民や県内企業に積極的に県産品などを購入・活用してもらい、地域経済循環の拡大を図ろうという取り組みです。

成長産業を後押しする「航空機システム拠点形成推進事業」

長野県では、グローバルな経済に対応できる産業の育成にも取り組んでいます。そのひとつの例が航空機産業です。「航空機システム拠点形成推進事業」は、世界的な航空機需要の増加や国産リージョナルジェットの開発により国内航空機産業へ参入する企業が増加する中、長野県内に航空機システム産業の集積を図り、日本で唯一の航空機システム拠点を実現することを目指す事業です。

航空機産業は、今後の成長と市場の巨大化が見込まれる分野で、長野県では２００６（平成18）年度に、飯田地域で民間企業を中心にプロジェクトが活動を開始しており、２０１４年には中部地域が取り組む国際戦略総合特区「アジアNo.１航空宇宙産業クラスター形成特区」が長野県の飯田下伊那地域まで拡大されました。2013年の長野県の航空機産業における製造品出荷額は95億円で、全国第10位となっています。また、2016年度には、県が「長野県航空機産業振興ビジョン」を策定、目指す姿を「2025年・アジアの航空機システム拠点」とし、目標として①航空機システムに係る人材育成から研究開発、実証試験までの一貫体制の構築、②航空機産業に取り組む県内企業100社集積、を掲げています。

国産初のジェット旅客機MRJ（三菱リージョナルジェット）

航空機は1機当たりの部品が300万点と自動車の約100倍を要し、それぞれに極めて高い技術力と品質が要求されます〈Nadcap〈国際航空宇宙産業特殊工程認証プログラム〉認証など〉。さらにボーイング社やエアバス社など少数のプライムメーカー（完成機メーカー）を頂点にサプライチェーンが重層的なピラミッド構造をもち、部品メーカーは世界中に広がっています。

その産業分野は、例えば大型旅客機をその製造価格の構成でみれば、機体3割、エンジン2割、システム4割とされ、長野県が目指すのはこのシステム拠点の実現です。国内にはまだ航空機システムの拠点はなく、MRJ（三菱リージョナルジェット）もシステムは米国製です。航空機システムには油圧・空調・燃料・飛行制御・電源・降着・客室機内などの各システムがあり、すでに飯田市のメーカーは、これらのシステムにモータやセンサなどを供給しています。

先に、第二次世界大戦中の航空機関連の工場疎開の歴史を紹介しましたが、飯田市のある中堅メーカーが東京から飯田に移転したのは1942（昭和17）年のことで（ただし、このメーカーは工場疎開ではない）、この時点で、すでに航空機のメータ類を製造していました。航空機システム拠点形成推進事業は、長野県の歴史的産業を引き継ぐ事業であるといっても過言ではないでしょう。

長野県では、今後、この事業を「集積化」「拠点化」「高度化」の3つの局面から推進していきます。航空機システムメーカーの調査・大学との連携・試験機導入の補助・運営費や研究開発費の補助・品質保証制度認証取得の支援・地域リーダー企業育成・特区への参入企業拡大などがその内容です。

地方創生のフロントランナーを目指して

2017年度、県下に10か所の地域振興局が発足しました。これは、基本的に地方事務所の業務を引き継ぐものですが、地域振興の課題解決のために地域振興局長の役割が強化された部分もあります。地域振興局長は、県の幹部会議である部局長会議のメンバーとなり、知事・副知事に直結する組織で、新たに地域振興推進費という予算も確保しました。地域振興局は、主体的に地域課題に

2017年４月、長野県下10か所に発足した地域振興局
（写真提供：長野県）

向きあう現地機関であり、複数の現地機関がかかわる「横断的な課題」を、地域振興局長が統括する権限も有するのです。長野県の強みのひとつは、それぞれの地域が多様な自然、文化、産業を有して発展してきたことです。そんな地域の特色を生かした地域振興を図るために、地域振興局は県民との「対話」を重視します。企業や経済団体ともしっかり対話をする中で、それぞれの地域に応じた産業政策を実施していきたいと考えています。

２０８０年、長野県の人口が１５０万人に落ち着く頃、拡大や成長、競争や淘汰といった経済社会の原理や価値は完全に過去のものとなり、技術革新は究極まで行き着いて、心の豊かさや人生の幸せ、協調や共存を至上の価値とするような社会が実現しているでしょうか。

すでに今、その転換点が訪れていると感じています。豊かな自然の中で子育てをしたいと長野県に移り住む人が増えているように、地方がもっている、金銭では換算できない価値が見直されてきていると思います。これまでの価値観にとらわれない、長野県ならではの新しく多様な働き方、暮らし方を打ち出し、創造することによって、長野県を元気にしていきたいと考えています。

亜細亜印刷株式会社

【印刷業】

世界に誇る「正確な組版技術」と最新印刷技術が融合し高品質を実現

創業以来50年余、国文学書、考古学書、歴史書、仏教書などの学術書や専門書の組版・印刷を手がける長野市の亜細亜印刷株式会社。高度な技術は若手技術者に継承され、技能五輪国際大会金メダリストを輩出している。出版文化の伝統とＩＴ革新を融合し、全国からの需要に応える。

①2013年に設立50周年を迎えた亜細亜印刷株式会社の本社・工場（長野市三輪荒屋）
②活版印刷の時代には、特殊な文字や記号の活字は一つひとつ手作業でつくられた
③ゴミひとつ落ちていない工場内。社員が快適な環境で働けることにも注力している

技能五輪国際大会で金メダル獲得

2011年10月、イギリス・ロンドンで開催された第41回技能五輪国際大会・印刷職種で、亜細亜印刷株式会社の伊東真規子さんが金メダルを獲得した。技能五輪はおよそ50の職種別に技能を競う国際大会で、2年に1回開催される。出場資格は22歳以下に限られており、日本選手は毎回優秀な成績を残している。

「若い人たちはまじめで、仕事を覚えるのが早い。機械を使いこなし、故障の処理もうまくやりますが、印刷の仕組みや印刷機の構造から考えないと、それ以上の新しい工夫は生まれません」。藤森英夫代表取締役社長は、選考会に出るためには理論の勉強も必要になるし、外の刺激も受けるよい機会になると考えて、伊東さんに出場を勧めたという。

技能五輪国際大会に出場するためには、一次選考（筆記試験）と最終選考（実技）を勝ち抜いて国内代表にならなくてはならない。伊東さんの指導に当たった大塚成二印刷部長は、入社以来現場一筋。技能五輪への挑戦は会社としても初めてのことであり、若手の技術の上達になると指導にも熱が入った。ほかの社員も支援を惜しまなかった。特訓のかいがあって伊東さんは、一次選考通過の6名に残り、実技の最終選考で最高得点を獲得して代表の座を勝ち取った。

藤森英夫社長

ロンドン大会はフランス・スイス・ドイツなど11か国が出場し、オンデマンド印刷機操作・断裁・メンテナンス・ローラーセッティング・インキ濃度測定・印刷シミュレータなど11課題について、600点満点で技が競われた。参加国から1名が当たることになる国際審判員（エキスパート）として大塚部長も出場した。結果は、2位のフィンランド代表に11点の差をつけて伊東さんが金メダルを獲得した。

公益社団法人日本印刷技術協会の藤井建人氏は「印刷ビジネスの最新動向とこれから」と題するレポートで「中小中堅印刷会社から日本代表を送り出したことは、全国に3万弱ある国内印刷会社の層の厚さを示していよう」（『印刷料金2011年版』一般財団法人経済調査会）と評したが、さらに国際大会でも最高賞を受賞したのだ。

技能五輪国際大会で金メダルを獲得した伊東真規子さん

「実は日本代表になった時点で、もう完璧と思いかけた彼女に、そうじゃないこれからだ、とさらなる高みを目指すことを求めました。その後、努力を重ねた彼女は国際大会までの半年の間に、10年分も成長したように思います。それだけでなく周りの社員もともに成長しました」と藤森社長は技能五輪への挑戦の効果を実感している。

そして2017年の第44回技能五輪国際大会のア

ブダビ大会日本代表にも、亜細亜印刷の社員が選出された。前年に行われた選考会では、亜細亜印刷から出場した早瀬真夏さんと北沢利貴さんが金賞、銀賞のワンツーフィニッシュを果たしている。日本代表に選ばれた早瀬さんは高校の先輩である伊東さんにあこがれて入社した20歳だ。

出版社の間では知名度の高い亜細亜印刷だが、金メダル獲得により新規の仕事依頼も増えているという。

専門書なら「組版の亜細亜印刷」と全国から注文

長野市は、全国でも出版・印刷業の盛んな地だ。2014年の長野市工業統計調査をみると、製造業事業所数516社中99社（19・2％）が印刷業であり、就労者数でも11・3％を占めている。

長野市に印刷産業が集積したのは、明治時代に加除式法規書の大手出版社の本社が長野市にあったことから始まっている。加除式書籍とは、すでに刊行されている書籍に改正や追加が発生した場合に、その部分だけを追加や削除、差し替えられるようにつくられている書籍で、法令や判例などに多く用いられた。また、1923（大正12）年の関東大震災で東京が甚大な被害を受けた際は、長野市の印刷業者に、内閣統計局や岩波書店、新潮社などから、加除式書籍に限らず大量の注文が寄せられたこともある。

亜細亜印刷株式会社もまた、加除式法規書の組版・印刷会社として長野市三輪で創業したが、それは1963（昭和38）年のことである。高度経済成長期の印刷需要は大きく、当時の長野市では4人に1人以上が印刷業に従事していた。

加除式の印刷物で正確な組版を極めていくとともに、営業エリアを東京へ広げ、法律書や学術書書籍でも評価を得るようになった。1971（昭和46）年には東京営業所を開設し、次第に加除式以外の書籍の比率が上回っていった。

亜細亜印刷は、正確に編集ルールを守り、美しく読みやすい組版を仕上げる知識と技術で信頼を高めていった。もうひとつ、校正部門に力を入れ、仕上げ前の入念なチェックで組版ミス、印刷ミスを出さないことも信頼される理由である。

学術書や専門書は用字用語に厳密で、分野により独特な用字用語があるうえ、出版社によっての違いもある。現在、亜細亜印刷は、取引先の98％が県外の出版社や大学、研究所の出版部門で、国文学、考古学、歴史、仏教関係などの専門書の書籍印刷が中心だ。また、医学書や法律書の仕事も多く、国家試験・資格のためのテキストや受験参考書、試験問題集なども多く手がけてきた。

仏教書の依頼が多い京都にも営業所を開設してほしいと要望

1975年頃の組版植字作業の様子

され、1990（平成2）年に京都市下京区に関西営業所を開設した。「仏教書だけでは営業所を開いても採算が合いません。大丸や高島屋などデパートの美術品図録を制作しながら、関西の出版社を開拓しました。そのため『美術印刷の亜細亜』と言われた時期もありましたが、出版社との取引だけで成り立つようになったので、デパートとの取引は断りました。当社は高い組版技術が必要な、難解な文字や特殊な記号を用いる専門書や学術書が得意なのです。時代が変わって印刷技術が変わってもこの点は変わりません」と藤森社長はいう。

最先端の組版技術の中に、美しい組版の技術を残すことができたのは、印刷技術の変化に応じて、活字を組んでいた従業員が新しい技術に順応していったことが大きい。

「読めればいいというものではいけないのです。自動的に、字間を空けたり詰めたりする機械に任せるのではなく、4分アキと2分アキとどちらが適切かをイメージして、選択しなくてはいけません。それができるのも、活字を組んでいた人が移行して携わってきたからです。今も社内のベテランの職人が若い従業員を助けています。いつまでも日本語の文化をきちんと守る会社でありたいと思います」と藤森社長は語る。

若い従業員が多く、のびのびと働いている。「人間を変えることは会社にはできない。人が変わるための環境をつくるのが経営側の務め。本人たちがそこで成長すればいい」と藤森社長は考えている。亜細亜印刷は社内だけでなく地域の若い人たちも支援しようと、野球、バスケットボール、フットサルの地元チームのスポンサーにもなっている。

新しい技術は印刷物を美しく仕上げるために用いる

　コンピュータとインターネットによる技術革新は印刷業界を大きく変えた。創業当時の頃の印刷は、編集・組版・製版・刷版・印刷・製本の工程があり、1字1字の活字を原稿どおりに並べ図版や写真を配置し（組版）、8ページないし16ページに組んで大判のフィルムに焼き付け（製版）、そのフィルムをアルミ板に転写して（刷版）、印刷機にかけていた。それが、今では、組版はコンピュータを使い、製版の工程をなくし、自動製本も可能というように大きな技術変化を遂げている。

　亜細亜印刷が最初に手動写真植字機を導入したのは１９８５（昭和60）年。その2年後には電算写植機を導入した。活版を組んでいた社員たちが、ドイツ・ハイデルベルグ社の電子組版システム「コンポテックス」で、新しい技術に取り組み、自らのものにしていった。今のように画面上に版面がみえるものではなく、コマンドを打ち込んで指定する方式。頭の中で版面を描きながら手を動かしたという。電算写植機では出すことができない漢字は手づくりで作字しなくてはならないが、そんな場合も活版時代の知識と技術が生きた。旧漢字（康熙《こうき》字典体）や梵字《ぼんじ》の活字がそろっていたので、特殊な文字の作字技術にも長けていた。

「当時はさまざまなシステムが矢つぎばやに登場していて、新技術が定着していませんでした。新機種を導入しつつ、古い機械の使用も続けてリスクに備えたこともあります」と藤森社長。

　次にやってきた現在につながるＤＴＰ（Desktop Publishing）は、パソコン画面でレイアウトすなわち組版をすること。印刷会社の組版現場の風景は活版現場で活字を拾う職人技から、備え付けの大型電算写植機に向かうかたちを経て、机上でパソコンを操作する姿に変わった。

製版印刷工程のコンピュータ化も進み、CTP(Computer to Plate)になっていった。コンピュータのDTPデータから直接刷版を出力する方式だ。亜細亜印刷が取り組み始めたのは1996(平成8)年で、これに合わせて最新の編集・組版機(DTP)と専用のサーバーを設備した。この技術は、藤森社長の予想を上回るスピードで浸透し、2年後には90%がCTP化された。機械化やコンピュータ化に対応して、機械を熟知して常に最良の状態に保ち、品質管理を徹底して、安定した高い品質の印刷を維持している。

本社3階の制作(組版)フロア。活版時代からの美しい組版技術を受け継ぐ

印刷業界が進化する一方で、ウィンドウズでも使えるインデザインという組版ソフトウェアが開発され、個人でもパソコンで簡易に印刷用の版面がつくれるようになり、インターネットで印刷を受注する会社も出てきて手軽に印刷物を自費制作できるようにもなった。むろんそれは亜細亜印刷が手がけるような専門性が高い分野の出版物とは別である。

「インデザインの普及により組版価格は極端に下がりました。専門書はつくれる業者も少ないので、幸いそこまで値崩れしてはいませんが、活版時代B5判1ページの組版代は1000円台。そこから一桁下がり、一時は単価100円で引き受けるところまで出る始末でした。さすがにそういう業者は3年くらいで消えて、今は需要も安定しました。当社にもインデザインを指定注文される場合もありますが、それにも対応します。印刷物を仕上げるのが目的で、そのために組版ソフトはあるのですから、適したものを使えばいいのです」と藤森社長は冷静だ。

1987（昭和62）年のコンポテックス導入以降、同社は毎年のように組版および印刷に必要な新型機械を導入していった。例えば富士ゼロックスのプロダクションプリンターは2007（平成19）年、2012年、2013年と新型機に買い替えている。

環境へ配慮し、いち早くGP認定と水なし印刷に取り組む

事業の発展に合わせて組織や設備の改革を進める中で、亜細亜印刷は特に環境問題や社会的責任への配慮を重視している。

1999（平成11）年1月、現在地に3階建ての本社社屋・工場（1360平方メートル）を新築した。工場内の温度・湿度管理を行い、コンピュータにも印刷機にも、また、紙にもインキにもよい状態を整備した。そこで働く従業員にも快適に仕事が進むと好評だ。

2004（平成16）年6月には、工場敷地内に「アジア活版資料館」（藤森義昭館長）を開設し

た。デジタル化の進化とともに消えゆく活版文化を、本づくりに携わる若い世代に伝えようという思いによる。鉛活字の母型や木版、手差しの活版印刷機など希少な文化財が展示され、同社の宝である梵字の活字も所蔵されている。

東京神田に土地を取得し、2007（平成19）年10月、5階建ての自社ビルを建設した。それまで千代田区富士見町にあった東京営業所を移転し、併せて東京電算部を開設した。長野本社とはネットワークで結ばれ、両者のサーバーを同期してそれぞれの作業が反映する仕組みだ。なお、2014年には新宿区西新宿に東京支店として移転。2016年には京都の関西営業所も、下京区から中京区へ移転し、長野、東京とネットワークで結んだ。

2004年3月にISO9001の認証を取得。さらに2009年12月、グリーンプリンティング（GP）工場認定を取得した。GP認定制度とは、一般社団法人日本印刷産業連合会が制定した印刷産業の環境自主基準（印刷サービスグリーン基準）を達成した工場・事業所を認定するもので、2006年から始まった。亜細亜印刷は長野市ではGP認定工場第一号だった。

2011年1月には、水なしオフセット印刷を開始し、一般社団法人日本WPA（日本水なし印刷協会）による最も環境配慮がされたオフセット印刷方式であることを示す「バタフライマーク」の提示許可を得た。水なしオフセット印刷は、刷版の版材にシリコン層を設けて現像液を使わずに現像する方法で、有害な廃液を出さない環境に配慮した印刷だ。同社では小型印刷機の小ロット印刷に導入し、併せて紙の重なる部分がくっつくのを防ぐパウダーレスインキを使用することで機械付近に飛び散る粉塵量も減らしている。

出版・印刷の未来を見据えた取り組み

「亜細亜印刷は、顧客が望んでいるものをきちんと提供することができる集団である、というプライドとプロ意識を、そして豊かな内面と、生きがいをもてる従業員の集まりの会社にならなければいけない」と、『亜細亜印刷50年史・和』（２０１３年10月刊行）の中で藤森社長は記している。同年、全日本印刷工業組合連合会が制定するＣＳＲ（企業の社会的責任）企業（第1期40社）として認定された。

１９９０年代半ばをピークに、出版・印刷業界は市場規模の縮小傾向が続き、出版不況・印刷不況がいわれているが、一方で、メディアの多様化が進行しており、印刷についてもインターネット通販市場は活況を呈している。そんな中でも亜細亜印刷の経営は安定している。亜細亜印刷でも、１部ずつ印刷・製本できるオンデマンド書籍やＩＴ機器で読む電子書籍にも高い技術を生かして対応している。遠隔地でもインターネットを通してデータ入稿・校正・検版・承認が行えるリモート校正の

GPマークとバタフライマーク

システムも設備した。また、デジタル時代ならではの新しい展開として、例えば蓄積されている過去の試験問題のデータを活用してテスト問題自動作成ソフトを整備し、営業の窓口を広げている。

２０１１年12月の沖縄事業部の開設は、単に制作拠点を増やしたのとは別の意図をもっている。沖縄県名護市に事業部を開設し現地の人を採用したのは、藤森社長の強い思いがあったからだ。

「戦争中あれだけの犠牲を強いられ、今も苦しんでいる。こういうところが日本にあっていいのか。雇用をつくりたい。単純にそれだけでつくったのです。沖縄事業部は長野・東京とネットワークで結び、ソフト開発と組版の前段階の処理を業務にしました。この編集情報付与作業により、品質、スピード、コストすべてがよくなります。営業部隊は置きませんが、デジタル関連の書籍が沖縄事業部のみで制作できるようになり沖縄事業部の売上だけで儲かるようになれば、沖縄県外へ営業に出るのもいいですね」と藤森社長は語る。

こだわり続ける高品質の組版技術を、多様化するメディア環境の中でどう生かしていくのか、さらにその経営が地域社会の中でどのような役割を果たしていくのか、今後の展開が見逃せない。

亜細亜印刷株式会社

設　立	1963（昭和38）年６月
事業内容	一般印刷に関する一切の業務（書籍雑誌出版印刷物・商業美術印刷など）
資本金	2,000万円
従業員数	84名（2016年11月現在）
本社住所	〒380-0804 長野県長野市大字三輪荒屋1154番地
電話番号	026-243-4858（代表）
ＵＲＬ	http://www.asia-p.co.jp/

株式会社飯田ケーブルテレビ

【情報通信業】

放送と通信の垣根を越えて、情報サービスの新たな価値を創造する

多チャンネル放送のケーブルテレビを核に、「いいーNET光」による情報網サービスや地域情報の発信を行う株式会社飯田ケーブルテレビ。長野県飯田市と下伊那郡の一部エリアに光回線の提供を始め、情報インフラを通して地域おこしを推進するべく、さまざまな挑戦を行っている。

①2016年に創業30周年を迎えた株式会社飯田ケーブルテレビ
②コミュニティネットワークの担い手として地元密着の情報を毎日放送している
③同社の新しい情報通信サービス「光キャストビジョン」の営業拠点となっている「キャストビジョンセンター」（飯田市中央通り）

飯田の活性化をリードするケーブルテレビ

「グローカル（glocal）」という言葉がある。地球規模を意味する「グローバル（global）」と、地域的であることを指す「ローカル（local）」を組み合わせた造語だ。グローバルとローカルは、言葉のうえでは正反対で相容れないものに思えるが、そうではない。地域の特色を生かしながら世界に打って出ること、あるいは逆に、世界的視野に立って地域の未来を考えることがグローカルであり、ローカルとグローバルを合わせて意識するグローカルこそ21世紀にふさわしい。

南信州の小京都とも呼ばれる、風情あふれる城下町・飯田市を中心に、そんなグローカルな姿勢でビジネスを展開しているのが、株式会社飯田ケーブルテレビだ。社名のとおりケーブルテレビ網を核としながら多チャンネル放送を行い、独自番組も制作する。また、インターネットやモバイルのサービスを提供する電気通信事業も行う。地域に根差した、放送と通信サービスの担い手だ。

飯田ケーブルテレビの創業は１９８６（昭和61）年。サービス開始は１９８８年。今からおよそ30年前のことである。

原勉社長

創業時から取締役専務を務め、２０１３年に代表取締役社長に就任した原勉氏は、１９４９（昭和24）年生まれ、飯田市の出身。和光大学卒業後、地元に帰り、まずは保険代理店を立ち上げた。仕事の性質上、地域の企業を回り多くの人と会う機会がある。そんなつながりで若手の企業経営者によるビジネス研究会を結成し、将来の展望を語り合った。何か地元でできる新しいビジネスはないか。有望株として浮上してきたのがケーブルテレビだった。

「ケーブルテレビは当時から国による許認可事業で、認可が取れればその地域ではある程度市場の独占が可能というメリットが魅力でしたが、それが決め手になったのではありません。ちょうどその頃『日経ベンチャー』誌に、日本ケーブルテレビ連盟常任理事なども務められた中村安雄氏（当時は日本ケーブルテレビコンサルタント社長）の記事が掲載されていました。そこに新しいケーブルテレビの在り方が説かれており『これはおもしろいな』と思ったのです」と原社長は語る。

そこでは、単に既存の番組（コンテンツ）を右から左に流しているだけではケーブルテレビに発展性はない。そうではなく、自らが情報のハブ（拠点）として地上波放送を超える多チャンネル放送を核としたサービス展開を行うという、当時アメリカで広がりつつあったビジネスモデルをもとにしたスタイルがこれからのケーブルテレビだと提示していた。

電波が受信しにくい飯田エリアだからこそ

ケーブルテレビが必要とされてきた理由のひとつは、テレビの難視聴対策だ。例えば地形の起伏が激しい場所、あるいは都会でも高層ビルの陰などでは地上波の放送電波は届きにくい。そうした地域・地区では、確実に高品質な放送が視聴できるケーブルテレビの利用価値は高い。

もうひとつは、地上波テレビの放送局が少ない地域でのチャンネル充実のニーズである。地上波テレビの民間放送ネットワークは、東京の日本テレビ放送網、TBSテレビ、フジテレビジョン、テレビ朝日の4大キー局およびテレビ東京の系列である。長野県にはテレビ信州、信越放送、長野放送、長野朝日放送という4大キー局系列のローカル局があるが、県内すべての地域が4局を受信できる電波環境ではない。地域によってはみたい番組がみられない場合がある。ケーブルテレビ会社が高利得アンテナなどで受信してケーブルを通じて契約世帯に再送信する「ケーブルテレビに加入すれば、みられなかったチャンネルがみられる」。このニーズが、地方におけるケーブルテレビのベースとなっていた。

さらに、行政サービスや防災情報などを発信する、自主制作番組で地域情報を発信するなどのコミュニティのネットワークを担うのもケーブルテレビである。

飯田市のある長野県南部は、地理的に首都圏からの電波をいい状態で受信しにくいだけではなく、NHKを含むローカル局の電波の周波数が、4大キー局の周波数とバッティングしていた。実は、原社長たち以前にも、地元の経営者たちの間でケーブルテレビ局を開設する計画はあったのだが、その点がネックとなって断念した経緯がある。

しかし、衛星波などを活用した多チャンネル型の展開を図るのであれば、この問題は開局をためらわせるものとはならず、むしろビジネスの可能性が広がるのだ。

多チャンネル時代の都市型ケーブルテレビ

「我々にとっては大先輩に当たる長野県内のケーブルテレビ会社に、株式会社上田ケーブルビジョンがあります。上田市は人口が約16万人で長野県第3位、飯田市は第4位、両市はかつての城下町という地域特性にも似たところがあります。上田ケーブルビジョンはいわゆる自主制作放送に力を入れ、街の中がスタジオだという方針のもと『身近なテーマ』を提供しており、そのビジネス展開の仕方は大いに参考になり、励みにもなりました」と原社長はいう。

原社長は志を同じくする仲間とともに会社立ち上げを決意。出資者を募った。創業時から多チャンネルでさまざまな付加価値サービスを提供する「都市型ケーブルテレビ」とし、社員数6人でスタートした。人口10万人超、約4万世帯数の飯田市を中心に加入者を募る。従来の再送信型ケーブルテレビであれば、料金も均一で、複雑な仕組みも必要ないのだが、都市型ケーブルテレビの多チャンネル放送では、加入者1件1件の契約内容によってチャンネル数が異なる。各世帯にコンバータをセットし、顧客管理を行うシステムが必要になる。

「会社を設立した当初は『有料の映画チャンネルなんてつくっても、誰もみないよ』と言われたものでした。しかし始めてみれば飯田の人たちに受け入れていただけました。コンバータの設置率

開局は1988年。当初から都市型ケーブルテレビを志向した

は開局当初から好調に推移し、現在でも加入世帯の80％以上がデジタルコンバータ（ＳＴＢ）設置世帯です」（原社長）。開局時のチャンネル数は17だったが、現在はベーシックチャンネル、オプションチャンネル合わせて70以上にのぼる。

「再送信型ケーブルテレビ局は、例えていえば同じ規格の部屋がたくさんあるホテルの営業のようなもの。何室が宿泊客で埋まれば利益が出るか、というビジネスです。それに対して都市型ケーブルテレビ局は、お客様の『ここへ行きたい、こんなことをして遊びたい』というニーズに合わせてメニューを提供する、旅行代理店のようなものです。多くのチャンネルからみたいチャンネルを選んで視聴する、当時、そういう生活スタイルを想定した視点は少なかった」と原社長。時代に先駆けたサービスは飯田の人々に確実に受け入れられ、開局以来、順調に加入世帯数を伸ばしていった（２０１７年３月現在放送サービス提供数約１万９０００）。

飯田は、歴史のある城下町であり、商いの町。独自の文化をもち、人々は好奇心が強い。新しいケーブルテレビ事業に人々がためらいなく呼応した背景には、飯田の土地柄も影響していたのかもしれない。

光コラボレーションでサービスを充実

開局から13年目の2001（平成13）年に飯田ケーブルテレビはケーブルインターネット事業を開始した。

2015年2月には、NTT東日本の光コラボレーション（NTT光回線卸）モデルを活用した「いいーNET光」を開始し、インターネットの大容量高速化をより充実させた。さらに同年10月には、NTT東日本との協業をもう一段進め、飯田ケーブルテレビの提供エリア全域にわたる伝送路設備の光回線化に踏み切った。また、地域活性化促進に関して協力体制をとって提供エリアの拡大やサービスの拡充を図っていくことを発表した。協業によりサービス提供可能エリアは飯田市と下伊那郡の一部地域6万世帯に拡大する。NTT東日本の光コラボレーションモデルによる、ケーブルテレビ提供エリア全域光化は、この飯田ケーブルテレビの事例が国内第一号だった。

実際のサービスは、翌2016年4月、「光キャストビジョン」の名称でスタート。このサービスの利用者は、テレビ視聴（光キャストTV）は既存の同軸ケーブルによる放送から、光ファイバーを活用した高度な放送サービスに切り替わり、実用化が進む4K、8K映像にも対応する。さらに光1回線のみで、テレビ、電話（ictvひかり電話）、インターネット（いいーNET光）などを利用することもできる。またこれに併せ、飯田市の中心市街地にあるNTT東日本飯田ビルの1階に、「キャストビジョンセンター」を開設した。ここでは、隣接する「光ショールーム飯田」

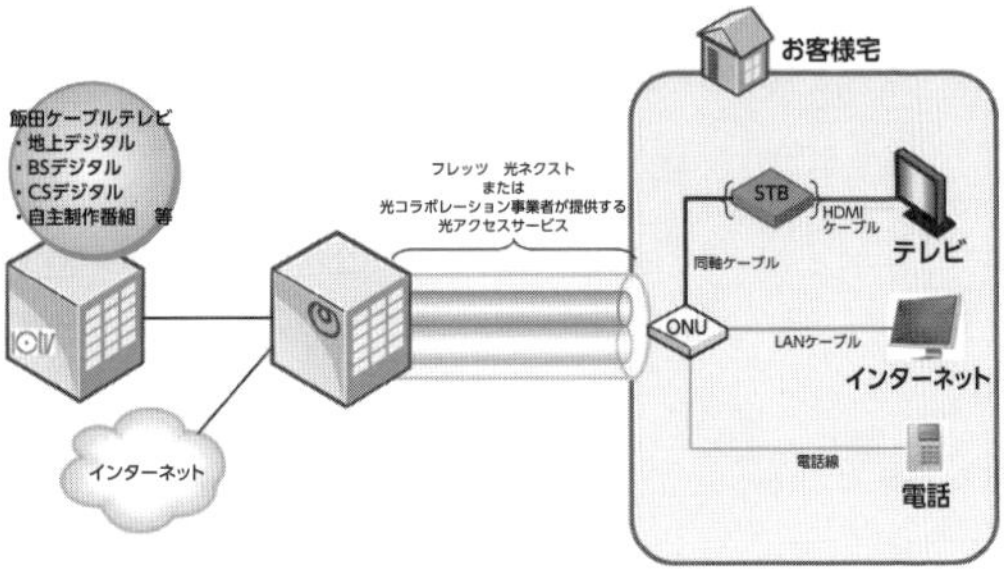

「光キャストビジョン」サービスの概要

で、超高精細の８Ｋ映像の視聴など、実際に光回線の導入による暮らしの変化を体験できる。

もちろん、飯田ケーブルテレビが飯田市や下伊那郡の町村と連携して行う「安心ほっとラインサービス」や「迷惑電話対策サービス」、「ライブカメラの映像配信サービス」などの住民の安心・安全な生活のためのサービスもいっそう拡充が期待される。

実は、ＮＴＴの光回線卸自由化については、ケーブルテレビ業界の中では大きな反発があった。ケーブルテレビ事業は許認可事業であり、１地区に１事業者が基本。狭いエリアではあるがその中では他事業者との競合が少ない、比較的恵まれた環境の中で活動してきた。その延長線上にテレビ以外のさまざまなネットワークサービスを乗せていた。光回線卸自由化は、そうした構造を侵し、ＮＴＴに顧客をさらわれてしまうのではないかという不安を業界に与えた。

「通信事業は、ＮＴＴを中心としたキャリアが握っていました。ブロードバンド時代になり、インターネットサービスにケーブルテレビ網を利用できるということで、我々も通信インフラの一翼を担うことができるようになった。これは業界にとって、大きなフォローになったわけです。しかし今や、放送と通信の垣根はなくなり、モバイルも入ってきて、企業としても、全部ひっくるめて『情報産業として、どう生き残っていくか』という時代になってきました」。このように語る原社長は、ケーブルテレビ業界の大勢とは対極の判断をして、光コラボレーションを利用する決断をした。いつまでも従来型のビジネスにあぐらをかいていてもおもしろくないし、未来もないと考えていた原社長には、待っていたチャンスだった。

「地域限定ビジネスでは、仮に地域の人全員が加入してしまったら、それ以上の発展の芽は何もないわけです。狭いエリアにしがみついていないで、サービスの充実が図れるのであれば積極的にこちらから出ていく。そういう仕事をしていかなくてはいけない。これは飯田ケーブルテレビの創業からのスタンスです。NTT東日本さんとの協業は、我々にとっては当たり前のことでした」と原社長はいう。飯田ケーブルテレビのグローカルな姿勢があって、テレビもインターネットもモバイルも全部ひっくるめて飯田ケーブルテレビのサービス事業となったのだ。

原社長は、今後も情報のビジネスは、さまざまな面で自由化に向かっていくと考えている。既得権益に守られたビジネスは、変化する世の中でその独占を許していた基盤が揺らげば、たちまち崩壊してしまう。事業内容も、サービスの手法も、会社組織そのものも、常に変化していくのが当然なのだ。

「会社のトップがいて、その下に強固なピラミッド型の組織がある。そのかたちがそのまま拡大していくという発展は、この変化の激しい時代ではだめだろう、と私は思います。企業はその時々の必要に応じて柔軟に対応できるアメーバ型であるべきです。当社も、今後は、手がけたことがないビジネスにも手を伸ばしていくことはあり得ると思います。もちろん、むやみに何でもやろうということではありません。『お客様は何を求めているか』『お客様とどのようにつながっていくか』という基本は変わりません」と原社長は語る。

リニア開通の先を見据えて

飯田駅から東京・新宿駅までの直線距離はおよそ180キロメートル。ところが鉄道ではその距離は270キロメートルを超える。移動は鉄道より高速バスのほうが速いがそれでも4時間を要する。名古屋からでも、同じく高速バスで約2時間は必要になる。

しかし、そんな状況が近い将来激変する。リニアモーターカーによる中央新幹線が、飯田を通ることが決まっているからだ。計画では、東京—名古屋間は2027年に開通。東京（品川）—飯田間の所要時間は、約40分に短縮される。東京から長野まで、北陸新幹線を使うよりも、およそ半分の時間しかかからない。飯田にとって大きなインパクトであると同時に、飯田ケーブルテレビを取り巻く環境もまた大きく変化する、と考えたくなるのだが、原社長はいたって冷静に分析する。

「リニアが通るから、東京が近くなるからといって、それが人やものを運んできて飯田が潤うというふうに、ストレートにはいかないと思います。新幹線といっても国主導の事業とは違い、中央新幹線はあくまでもJR東海という民間企業が行うものです。東京と名古屋、そして大阪をこれまで以上の短時間で結ぶことが第一で、途中にいくつかの駅はつくるけれども、沿線の活性化などということまで考えてはいないでしょう」。

原社長は、飯田ケーブルテレビの専務時代の1997（平成9）年から2013（平成25）年まで4期16年にわたって飯田市の市議会議員を務めている。また、1998年には株式会社飯田まちづくりカンパニーを創業するなど、一貫して地域の活性化に尽力する人生を歩んでいる。

従業員は48名。飯田が好きという思いを胸に仕事に取り組む

「我々飯田市民が、『これからの飯田をどうするか』というビジョンを明確にもち、活動していくことがすべてにおける基本姿勢です」といい、飯田ケーブルテレビのビジネスも、地域に長く確実に利益をもたらすような地に足がついたものでなければならないと考えている。

「ビジョンづくりには情報がひとつの核になる。そこに飯田ケーブルテレビも積極的にかかわっていくことは確かです。その過程の中で中央新幹線の開通をうまく組み込んでいくことが大事ではないかと思っています。開通まであと10

年。ここ3年ほどが勝負ではないかという気がします」。さらに、「我々はケーブルテレビを核にビジネスをしてきましたが、いずれ、単体としてのテレビ放送の存在はなくなっていくのではないかと思います」と原社長はいう。

我々を取り巻く情報の質、量、インタフェースも大きく変わっていく。さまざまなデバイスが融合したり、また、新たな形態が生まれてくる。それに伴い、挑戦するテーマは次から次に生まれてくるだろう。座右の銘は、「勇気・根気・創気」という原社長。変化に対して果敢に挑戦し、くじけず努力を続け、新しいものをつくり上げていく。そんな思いが込められている。

「失敗を恐れたことはないですね。創業以来、何度も失敗しています。失敗をしないことより、失敗を乗り越えることができる企業であることが大事だと思います」。

変化のスピードが加速する情報社会にいち早く反応することによって、飯田ケーブルテレビが地域活性化に貢献してきた成果は大きい。原社長の次の一手も、その柔軟な企業体質から繰り出されるに違いない。

株式会社飯田ケーブルテレビ

創　　業　1986（昭和61）年５月
事業内容　有線一般放送事業、認定電気通信事業
資 本 金　１億6,860万円
従業員数　48名
本社住所　〒395-0823
長野県飯田市松尾明7590番地１
電話番号　0265-52-5406
Ｕ Ｒ Ｌ　http://www.iidacable.tv/

大井建設工業株式会社

【建設業】

ハウス・オブ・ザ・イヤー・イン・エナジー2016 優秀賞に輝く技術で子育て世代を応援

軽井沢のゴルフ場と別荘地開発から始まり、大手不動産会社の下請けと公共事業で安定成長期を順調に歩んできた大井建設工業株式会社。バブル崩壊後の土木建築業への危機感から、二代目社長は子育て世代のための戸建て住宅建築で再起を図り、大きな実を結んでいる。

①浅間山南麓、長野県御代田《みよた》町にある本社
②同社が建築する住宅は優れた断熱性能・省エネルギー性能をもち、2016年度にハウス・オブ・ザ・イヤー・イン・エナジー優秀賞を受賞した
③本社ショールームには家を建てた喜びの声が並ぶ

創業以来培ってきた高い技術力

「日本ロマンチック街道」と呼ばれる観光ルートがある。長野県上田市から軽井沢町を抜け、群馬県の市町村を結びながら栃木県日光市に至る風光明媚な約320キロ。大井建設工業株式会社の本社はこの街道沿い、浅間山の南に広がる高原の町・御代田町にある。すぐ隣は軽井沢。同社の始まりと歩みは、この伝統あるリゾート地に近い立地に深くかかわっている。

創業者は、現在会長の大井荘平氏。1959（昭和34）年から、土木作業を請け負う個人事業主として重機を繰っていた。その2年後、三井不動産による「大浅間ゴルフクラブ」の建設が始まった。大正時代から徐々にオープンし、戦争の影響で閉鎖に追い込まれていたゴルフ場は、1950年代から新設が増え、高度経済成長下でそのスピードを速めていた。大浅間ゴルフクラブ建設に土木業者として参加していた荘平氏は、三井不動産社長（当時）の江戸英雄氏から仕事ぶりを評価され、法人化をアドバイスされる。個人事業者とは取引できないからだった。そこで荘平氏は、合資会社おおいを設立。1963（昭和38）年のことだ。

三井不動産は1961年から住宅地・別荘地の開発と販売事業にも進出。軽井沢周辺地域の別荘

大井康史社長

地開発を次々と手がけていった。これに伴い、土木中心だったおおいは別荘建設も請け負うようになり、1971（昭和46）年、大井建設工業株式会社に組織変更し、社長が土木部門、専務が建築部門を担当する本格的な2部門体制で再出発した。

誰もが知る有名不動産グループのもとで順調に業績を伸ばしながら、その実績をもって御代田町、軽井沢町、長野県の公共事業も受注するようになる。軽井沢という国際的なブランド力と安定した経済成長。好条件をすべて味方に、多少の波風は受けても全体的には順風満帆。土木と建築、それぞれの分野で多彩な需要に応じる高い技術力をもった少数精鋭の技術者集団として発展した。2005（平成17）年に二代目代表取締役社長に就任した大井康史《やすし》氏が「入社して一番驚いたのは、社内で会議が一切なかったこと。建築と土木が部長のもとでそれぞれ動いていて、会議をする前に現場で問題を解決していた」と振り返る、技術者集団の会社だった。

オリンピック景気後と改革派知事の誕生

大井康史社長は1964（昭和39）年生まれ。地元の軽井沢中学校、長野県野沢北高校を卒業後、信州大学工学部で学び、1987（昭和62）年三井不動産建設（現みらい建設工業）に就職。首都圏の100億円規模プロジェクトの現場監督として8年間勤務し、大井建設に入社したのは1994（平成6）年だった。バブル経済が崩壊し、景気後退期に入った時期だ。しかし長野県は、

標準装備で2020年省エネ基準をクリアする大井建設の住宅

1998（平成10）年2月の冬季オリンピック開催に向け、いわゆるオリンピック景気に沸いていた。開催地は長野市と周辺だったが、軽井沢はカーリング競技会場となり、新幹線の開通も急がれていた。大規模公共事業があるうえ、ちまたではすでに終わりともいわれていたゴルフ場や別荘地の開発も、軽井沢では続いていて、大井建設もそれらを手がけていた。

土木建築業界は深刻な人手不足。康史氏も専門学校や大学に、就職の斡旋を依頼して歩いた。一方で康史氏には危機感があった。一過性のオリンピック景気の終焉である。土木建設工事の需要が減るのを、バブル崩壊後の首都圏の最前線で目の当たりにしていたからだ。「予想どおりの展開だった」という長野オリンピック後の不況にあえぐ長野県の土木建築業界に、予想していなかった追い打ちが襲いかかった。2000（平成12）年10月の田中康夫知事誕生である。「脱ダム宣言」に象徴される、多くの改革が行われることになった。

もう公共事業に依存できないのは明らかだった。康史氏は、時代の転換期であると深刻に受け止めた。当時取締役統括部長だった康史氏は、このままで通用するわけがないと確信し、構想してきた新規事業にシフトしようと決意をする。子育て世代のための高品質な住宅の建築である。

きっかけは新築社宅への疑問

6月の入社を前に一時帰省した1994（平成6）年の春、当時社長の荘平氏から、家族用の社宅を新築中であることを告げられた。もちろん家賃は取られるが、東京でアパート暮らしの康史氏家族には、とてもうれしい出来事であった。

ところが、入居してしばらくたち、康史氏は「この家は住みにくい」との違和感をもつ。妻も同意見だった。1994年当時の生活スタイルは、テレビドラマの影響もあり、リビングを広くとって、家の中のくつろぎ空間を楽しむことが主流だった。また、小さな子どもをみながら調理ができる対面キッチンも人気だった。

しかし、康史氏が住む社宅には、これらの要素がひとつもなかった。リビングの代わりに6畳と8畳の和室2間続き。キッチンは独立型。2間続きの和室は日本の伝統家屋の特徴で、襖の開閉で間取りを変えられる利点もあるが、大人数が集まる予定のない現代の生活に、その機能は不要だった。ほかの部屋も用途がはっきりしない。新しくてきれいな住宅だが、とにかく暮らしにくい。

「住む人のライフスタイルと思い入れを考慮せずにつくられた家は、ただの箱でしかなく、家族の幸せを育む場にならない」。心の底からそう思った。「なぜ、こんな間取りになったのか？」など、この違和感を社内で相談してみたが「ぜいたくな悩みだ」で一蹴された。そしてさらに詳しく聞いていくうちに、康史氏は大きなショックを受ける。それは、康史氏が住む社宅は「とにかく安ければいい」という考えで、自社ではなく別の業者で建築したのだった。

坪単価100万円を上回る高級別荘や、億単位の公共施設を手がけてきた大井建設にとって、坪単価40万円台の一般住宅は、コスト面であり得なかったのだ。地元でも、一般住宅を建てない会社とみなされ、友人から新築の相談を受けたときも価格で折り合わなかった。「高級別荘を建築できる技術があれば、工夫次第で低価格な住宅をつくることは十分可能だ」康史氏はそう考えた。

ところが、社内の反応は「できっこない」の一点張りだった。

まず最初の一棟を足がかりに

「できっこない」の理由は、コスト面だけだ。別荘建築を長年手がけてきたのだから技術力は申し分ない。腕の良い職人はそろっている。安くできる工夫さえあればいい。康史氏は、この工夫を求めて情報を収集。ローコスト住宅のノウハウが売られているのを知り、勉強を重ねて良さを知ると、これを購入する。そしてまず別荘建築でノウハウを生かしてみることにした。同じ品質で価格が下がれば、施主にメリットがあるだけでなく、資材などの仕入れの経費が抑えられ、粗利が増えて会社の利益にもなる。

これがうまくいったため、住宅に着手しようとすると、「大井の看板にきずがつく」「二代目が会社を壊す」とさらなる反発が待っていた。社内の壁は厚かった。康史氏は、幹部の説得をひとまず置き、現場の担当者を静岡、群馬などで開催されていた、ローコスト住宅の見学会に連れて行った。安くて良い家を実現できるのを現場に理解してもらい、1999年、最初の一棟を建てることにした。折よく、新築を検討中の人との出会いがあったのだ。

完成後に見学会を行うことにした。これで広告が出せる。突破口になると考えた。

大井建設は営業マンが不在の技術者集団の会社であり、康史氏も一般向けの営業活動は未経験。見学会用のチラシづくりから人集め、接客までの一切が初の試みである。ローコスト住宅研究会など、いろいろな場で勉強をしながら、知己を得た人に質問しては少しずつ知識を得ていった。だからといって初めての見学会に人が詰めかけるわけもなく、順調な滑り出しとはいえなかった。契約数は年間でほんの数棟という状況が何年も続く。康史氏にとって最も苦しい時期だった。

営業マン誕生が突破口に

孤軍奮闘の中、建築部所属の1人の社員が心筋梗塞で倒れるというアクシデントが起こった。40代の一級建築士である。医師から、寒い現場に出るのを禁止されていた。康史氏にとっては、初の営業マンとして登用のチャンスだった。別荘の建築設計担当で、施主と直接打ち合わせをしながら要望をくみ取ってきた。常に人と接しているので、当たりも柔らかい。復帰を契機に2人で営業を始めることにした。康史氏は、施主と同じ目線で、建築士に向かって「なぜそれができないのか」

を問える。徹底して施主の立場になるという康史氏の姿勢にうってつけであった。この二人三脚はひとつの突破口となった。一棟建てては見学会を催し、低価格ながらすみずみまで配慮の行き届いた快適な家を体感してもらう。

また、地域の人たちに親しんでもらおうと、本社駐車場を開放するフリーマーケットとガレージセールも始めた。特にガレージセールは、砂や防犯砂利、建築資材、発注ミスや型落ち品の電化製品や家具など、土木建築会社ならではの品物で大人気となっている。収益金は、盲導犬協会に寄付していたが、東日本大震災後は、南相馬市の親しい仲間が被災した縁もあり、東北支援へ。送金だけでなく、大井社長自ら物資を購入して届けるボランティアも続けている。

「にこにこフェスティバル」と銘打ち毎年開かれるフリーマーケットとガレージセール

見学会に何度も足を運び熱心に質問する人、満足できる家に暮らす喜びを語る人も増えてきて、だんだん手応えが得られるようになると、社内の空気も変わってきた。イベントも、回を重ねるごとに運営に慣れ、家族で訪れる地域の人々との交流が楽しみになる。7年ほどで、努力が結果に表れるようになり、10年目で受注件数が40棟に。以降、「現在の規模では適正」という50棟前後で推移するようになった。今や、これから建てる人たちだけでなく、施主ＯＢが手みやげ持参で訪れ、子どもの成長を報告する人も多くなったという毎月の見学会は、参加者100組に達することもあり、1回の延べ人数は200人を超えるようになっている。

事務所機能だけだった本社1階は相談スペースに変更。小さな子ども連れで気軽に訪問できるよう整えた。また、新築事業からの発展で、従来から請け負っていた三井のリフォーム軽井沢店に加えて、2007(平成19)年には大井のリフォームを発足し、佐久市にショールームを開設。それぞれに専門の営業担当者を置くようになった。二代目社長の決断によって強化された建築部門の売上は現在、土木部門との比較で約8対2となっている(2016年6月期の総売上高は21億円)。

誠実な情報提供で信頼を得る

大井社長は家づくりを山登りに例えて、こう語る。「山登りで一番大切なのは無事に帰って来ること。頂上を目前にしても戻るべきときは戻る。無理したら命が危ないからで、家づくりもそれと同じ。家が望みなら4か月で建つ。金利も安い今、少し無理をすれば建てられるかもしれない。でも、例えば30年ローンを組んだら360か月。ローン返済は5年後、10年後は何とかなるかもしれない。でも30年後はどうか。私の関心はそこです」。

「住宅ローン破綻者を1人も出さない」は基本方針で、社員にも徹底。全国的には毎年約6万人ともいわれる住宅ローン破綻者を、1000棟を超える住宅・別荘建築実績の中で1人も出してい

家づくりの相談には顧客の目線で誠実さを第一に

ないという。「私自身が慎重だから」というように、大井社長は常に顧客目線でその利益を考える誠実な姿勢を崩すことはない。見学会でも強引な営業は厳禁。的確な知識と判断力をもったうえで自社か他社かの選択は顧客に委ねようと、新築を考える人たちへの啓発活動に熱心に取り組んでいる。

そのひとつが、２００８（平成20）年から始めた家づくりに関する勉強会だ。独自開催もあれば、所属する複数のＮＰＯ主催のものもある。１人で講師を務めることもあれば、ファイナンシャルプランナー、住宅ローンアドバイザー、宅地建物取引士、モーゲージプランナーなど、関連分野の専門家とのコラボレーションも多く、大井社長の講師経験はすでに50回を超えた。

講師を務めることで参加者の関心事や反応がわかるメリットも大きい。参加希望者は増え続け、現在ほとんど定員を上回るようになっている。また、活動を継続していることで思いがけない講演依頼も入り、メディアに取り上げられる機会も多くなっている。

このほか、大井社長自らが発信するメールマガジン読者は約５００人。希望者に毎月発送するニュースレターは１０００部を上回る。２００９年には「住宅ローンを払いながら1千万円貯める」の持論を具体的に説明する『家づくりで成功する7つの秘訣』（エル書房）も出版した。

すべてのツールで大井社長が訴える趣旨はシンプルだ。すなわち、家庭によって事情が異なるのだから、根拠のない情報に惑わされずそれぞれに合った賢い選択をすべき、ということだ。そのために、大手ハウスメーカーの家の価格に何が反映されるかなど業界の内幕を明かし、ローン金額、税金などは具体的な数値を細かく示す。大井建設がモデルハウスをもたず、広告宣伝費を使わず、豪華なパンフレットもつくらないという方針も、良い家を極力安くという姿勢からだ。

講演や出版などを通じて「幸せな家づくり」のための情報発信を続けている

子育て世代こそ家族を守る家づくりを

なぜ大井社長は「安くていい家」にこだわるのか。高級別荘から高級住宅の方向にしなかったのは「子育て世代こそ家が必要だ」という信念があるからだ。景気の変動、産業構造の変化をみてきた大井社長は、経済に左右されない普遍的な価値を「家族」に見出している。その家族を守るため「家は絶対に必要」という。土地も資産としての価値が失せた今、従来の価値観にとらわれない真に豊かな生活を享受できる子育て世代の家を提案している。頭金がなくても家をもつ方法を探り、生活を楽しむ余裕をもったローン返済計画を立て、飲食から携帯電話代まで踏み込んでアドバイスする。ローン破綻者を出さない方針から延期を提案することもあるが、その場合もきちんと実情を説明する。

あくまで誠実であることと、コストパフォーマンスの高い家づくりで地域の信頼を得、業績を伸ばしてきた。その証しといえるのが、建築のプロからの関心を引くようになっていることだ。

「見学会に『いい仕事をしていると評判なのでみに来た』という建築職人さんが目立つようになった」と大井社長。建築関係者からの発注もある。子育て世代向けの住宅と同時に高価な別荘建築も手がけているので、基本性能に違いのないのを大井社長自身がわかっている。２０２０年より義務化される省エネ基準を満たし、全館冷暖房を標準装備した「夢ごこちの家」と名づけたシリーズをスタートさせるなど、大井建設の独自色を出し始めている。さらに、これまで蓄積してきた技術とノウハウを生かし、ゼロ・エネルギー住宅の建築に取り組んでいる。２０１６年度には「カー・オブ・ザ・イヤー」の住宅版である「ハウス・オブ・ザ・イヤー・イン・エナジー」で優秀賞を受賞し、同社が手がける住宅の高い省エネ性能が認められた。今後もいっそう高性能住宅の研究に力を入れていく予定だ。

大井建設工業株式会社

創　業	1963（昭和38）年９月
事業内容	土木・建築工事業、一級建築士事務所、宅地建物取引業
資本金	3,000万円
従業員数	25名
本社住所	〒389-0207 長野県北佐久郡御代田町馬瀬口1670-74
電話番号	0267-32-3333
URL	http://www.ooi-kensetsu.co.jp/

サンニクス株式会社

【製造業】

自社開発の軽量、低価格の樹脂製熱交換器でエネルギー問題解決に挑戦

2017年に創業45周年を迎える長野県松本市のサンニクス株式会社。技術本位で丁寧な仕事を続けたことで勝ち得た取引先の信頼が財産となり、精密機器製造、サービスセンター事業、樹脂製熱交換器の開発・製造という３つの事業を柱に成長を続けている。

①創業45周年を迎え、さらなる成長に向かって社員の士気は高い
②松本市波田にある本社は、開発、製造の拠点となっている
③独自技術による樹脂製熱交換器は、すでに２万個以上の生産実績をもつ

下請け主体の創業期

サンニクス株式会社は、製造業として創業以来45年にわたって積み重ねてきたノウハウを、3つの事業へと展開させている。ひとつは精密機器の下請け製造（現在、空気清浄機・除湿機を製造）、もうひとつは製造で培った技術を生かした精密機器・家電製品の修理などのサービスセンター事業、そして、独自の技術を探究した樹脂製熱交換器の開発・製造だ。

創業者で同社会長の大月隆二氏は、長野県東筑摩郡波田村（現松本市波田）生まれ。幼少時を旧満洲で過ごし、5歳で終戦を迎えている。戦後、父はシベリアに抑留され、母が隆二氏を含めた4人の子どもを連れて京都の舞鶴港へ引き揚げてきたという。地元の高校を卒業後、東京でトリオ株式会社（現株式会社ＪＶＣケンウッド）に入社。その後帰郷し、富士電機株式会社の代理店、信州電機産業株式会社に入社し10年間の営業職を経て、１９７２（昭和47）年に仲間と3人で現在のサンニクスの前身となる有限会社下島電気製作所を生まれ故郷の波田村下島に設立した。

大月隆二会長（右）と大月清光社長

「高校の同級生に塩尻市にあるコパル光機製作所株式会社（現日本電産コパル株式会社塩尻事業

所）を紹介されたことがきっかけです。ちょうどソニーがラジカセ（ラジオカセットレコーダー）の生産をスタートさせた頃だったのですが、チューナー部を修理できる会社がなかったことから、『チューナーの修理をやらないか』ということで声をかけてもらいました」と大月会長はいう。

高度経済成長期だったことも後押しとなり、音響機器などの家庭用電化製品の製造も手がけるようになった。「当時、主として手がけていた家庭用電化製品は寿命が短く、次から次へと新製品が出るサイクルだったため、製造の現場は大変でした。1970年代はオイルショックのような外的要因もありましたから、経営はなかなか安定しません。幸運だったのは、周囲の人脈に恵まれていたこと。いいタイミングでいい取引先を紹介してもらえたことが大きかった」と大月会長は語る。

下島電気製作所時代の第二工場（1975年頃）

事業の拡大と修理業務の開始

下請け製造が主体だったから景気の影響を受けるリスクもあったが、隆二氏は、取引先がだんだん大きくなっていくことへの手応えも感じていた。

「県内にあった株式会社諏訪精工舎（1985〈昭和60〉年

よりセイコーエプソン株式会社、情報関連機器）をはじめ、浜松のローランドディー・ジー株式会社（コンピュータ周辺機器）、また、神奈川の株式会社カンキョー（除湿機・空気清浄機）や東京の株式会社パルメディカル（医療機器）などの首都圏の会社とも取引ができるようになっていきました。当地だけでは取引先を探すのも大変なところを、さまざまなご縁で仕事をさせていただけるようになった。その一方で、業務が多彩になったことで、技術を向上させないと仕事をこなせない。そのために必要な人材を集めるのがなかなか困難な状況でもありました」（大月会長）。

隆二氏の長男である現代表取締役社長の大月清光氏が入社したのはちょうどその頃、１９８９（平成元）年のことだった。

「当時ローランドディー・ジーが破竹の勢いで成長していました。１９９１年以降のバブル崩壊期にも業績が伸びているような会社だったので、私たちにとっても一番厳しい時期に取引できるようになったのは大きかった。製図プロッタ（線や図形を用紙に描くためのコンピュータの出力装置）のキャリッジと呼ばれる、ペンを握る部分を一緒に開発しました。精密機器の加工では諏訪市やその周辺地域（岡谷市、茅野市など）は非常に進んでいて、そこで鍛えられていた私たちの仕事の精度が高かったこともあっていろいろと任せてもらえました。そんなとき、当時のローランドディー・ジーの社長と部長が『大月さん、ベルトコンベアーを敷いて物を組んでいても限界がある。技術を売るような企業にならないと長続きしない。もしよかったらこちらに人を預けてみませんか』と声をかけてくれた。それで息子を従業員待遇で２年半出向させました。技術の習得はもちろん、人脈の形成という意味でも私たちにとって大きな転機になりました」と大月会長は語る。それまでまじめに地道に、きちんとした仕事を続けてきたことが評価されたのが嬉しかったという。

清光氏が出向から戻ってきたのが1992年。この年会社は創立20周年で、社名を下島電気製作所から現在のサンニクス株式会社に変更している。サンニクスのロゴは「3 nics」と記される。3は開発・製造・サービスという事業の3つの柱を表し、n（new）、i（idea）、c（customer）、s（satisfaction）と組み合わせた言葉となっており、会社の理念が表現されている。

セイコーエプソンとの関係も同社にとっては財産だった。当初はプリンターのメカ部分の組み立てが主たる役割だったが、1987（昭和62）年にはミニプリンター、翌1988年からはパソコンの量産という、セイコーエプソンの中核的な仕事を任されるようになっていく。同じ頃パルメディカルから点滴静脈注射に使用される輸液ポンプの製造を受注し、医療機器分野にも進出。1990（平成2）年にはカンキョーとの取引が始まり、除湿機や空気清浄機の分野も手がけるようになる。業務は順調に拡大していった。

しかし、時代の荒波が押し寄せる。セイコーエプソンが製造していたパソコン・エプソンPCシリーズは、1990年代半ばまで国内パソコン市場で圧倒的シェアを誇っていた日本電気株式会社のPC9800シリーズの互換機（同じアプリケーションソフトが使える機器）だったが、1995（平成7）年発売のWindows 95の爆発的ヒットによりPC9800シリーズの市場は急速に縮小し、セイコーエプソンは同年エプソンPCシリーズの生産から撤退した。サンニクスが手がけていたパソコンの生産も終了。今後の会社経営をどうするかサンニクスは大きな岐路に立った。これが下請け製造主体だったサンニクスの体質を変えるきっかけとなった。

サービスセンター事業では精密機器、家電製品、石油暖房機器などの修理業務を行っている

ちょうどその頃、清光氏がフクダ電子株式会社からの依頼でつくり上げた医療機器（輸液ポンプ）が多くの病院に入っていた。こうした製品は病院での酷使により傷んだり壊れたりして修理依頼がくる。そのときに、「修理はいい仕事になるということに気づいた」と大月会長はいう。修理という仕事は技術的にできる企業が限られるため、たとえ生産が海外に移った場合でも、国内で使う以上、修理の仕事はなくならない。そこからサンニクスは修理業務を本格的に手がけるようになり、後のサービスセンター事業につながっていく。

サンニクスにはさらなる荒波がやってくる。１９９８（平成10）年、除湿機を共同開発しその量産を請けていたカンキョーが会社更生法の適用を申請、サンニクスは３０００万円の負債を背負い込む苦境に見舞われる。サンニクスはカンキョー製品のアフターサービスの仕事を引き継ぎ、独自の体制で生産、供給、販売を行うようになった。２０００年からは清光氏が開発した熱交換器を使ったカンキョーの除湿機の新製品が売れるようになり、わずか3年で負債を返済し内部留保が出るまでに業績を回復させた。カンキョーも2005年に会社更生手続を終結させた。カンキョーは現在もサンニクスの主要な取引先で、両社はともにさらなる成長を目指し事業に邁進している。

現在、サービスセンター事業では、メーカー各社の修理代行サービスを行っている。主な取り扱い製品は、精密機器（40種類）・精密機器Assy部品（パーツが複数組み合わされた構成部品）や空気清浄機・除湿機などの家電製品、石油暖房機器である。

2006（平成18）年には清光氏が二代目社長に就任。幾度となく困難な状況に陥りながらも、それを乗り越えることで会社は成長していった。そのなかで、エプソンサービス株式会社とのかかわりはサンニクスにとって非常に重要なものになっている。

独自技術による樹脂製熱交換器の開発

修理業務とともにサンニクスの業態を広げたのは熱交換器の開発である。特に熱交換器の開発については会社の独自技術として今後への期待が大きい。熱交換器とは、温度差のある2つの流体（液体と液体、液体と気体、気体と気体）間の熱エネルギーの交換を行う装置だ。主力製品のシェル&チューブ熱交換器は、シェル（筒）の中に細いチューブ（管）が数百本入った構造で、チューブの内側と外側に温度の異なる流体を流して熱交換を行う仕組みになっている。

「当社の樹脂製熱交換器の技術は、当初、除湿機用としてプラスチック段ボールを接着剤で貼ったようなものから始まっていて、さまざまな試行錯誤を行いました。もともとは、空気清浄機メーカーだったカンキョーが新型の除湿機の事業を立ち上げる際に、先方のエンジニアが当社に来て、一緒に開発を行いました。そのときに現在の熱交換器に通じる基本部分を提案して採用してもらったのです。その後カンキョーが会社を整理して再出発した際に、もう一度除湿機をやろうということになり、また当社で一緒に開発して10か月で新製品を完成させました。そこで開発のさまざまなノウハウを学べたことが今につながっていると思います」と大月社長は語る。

サンニクスは樹脂製熱交換器の高い技術が評価され、２００７（平成19）年から東京電力株式会社（現東京電力ホールディングス株式会社）との共同研究を行っている。目的は主として地球温暖化対策や省エネルギーへのチャレンジで、排熱や未利用の熱を拾い上げて利用する仕組みの中で、熱交換器の技術を生かしている。

「例えば工場排熱を上手に取りだしてボイラーに戻すことができれば、ゼロから加熱するよりもはるかに効率的で、電気代を削減できます。これをソリューション（解決策）として提案するのですが、その中で私たちの熱交換器が使われるわけです。こうした共同研究を続けてきて、東日本大震災での中断もありましたが、10年がかりで量産ができるところまでこぎつけました」と大月社長。

サンニクスの熱交換器はポリプロピレンという樹脂製であることが大きな特徴となっている。熱交換の熱源には排水などを利用するケースが多く、酸性の物質が含まれていれば金属製（ステンレス製が主流）の熱交換器は腐食してしまうが、樹脂製にはそれがない。温泉や地下水などでも熱交換器は利用されるが、金属製の場合カルシウムなどの不純物が付着して性能に悪影響を与えることもある。樹脂製はその点にも強い。

「腐食しにくい金属ならチタンですが非常に高価です。それを樹脂に置き換えることで安くできるうえ、ポリプロピレンは再利用が可能な点もメリットになります。ただし、樹脂は圧力に弱く破断したら終わりです。製品化するために何度も実験を繰り返し、試行錯誤しながら高強度の構造と組み立て方法のノウハウを確立しました。大手も参入しないニッチな市場ではありますが、私たちは現在国内で樹脂製熱交換器をつくることができる数少ない会社のひとつです」と大月社長は語る。

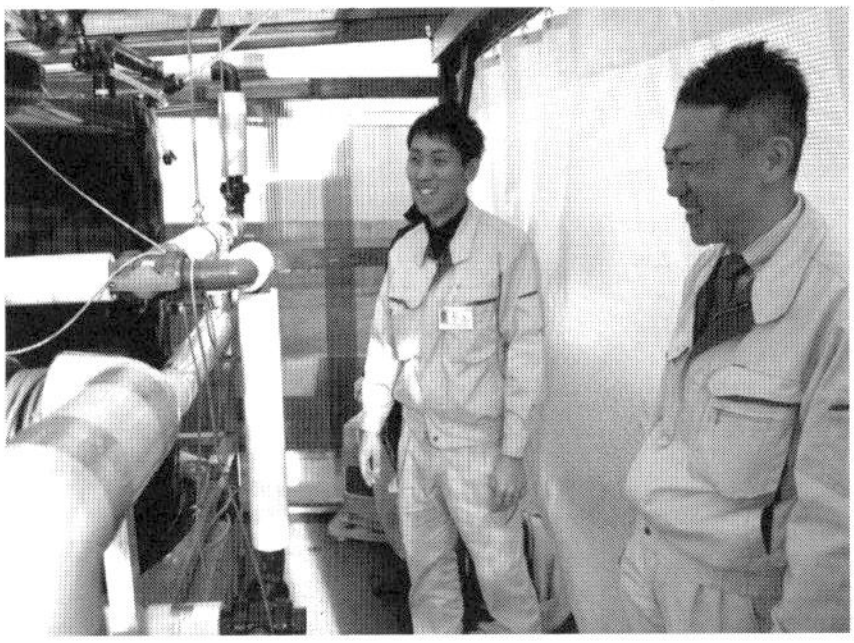
より高性能、高品質な樹脂製熱交換器を目指し、研究開発が続けられている

サンニクスの樹脂製熱交換器はすでに2万個以上の生産実績をもち、国内メーカー2社の除湿機にも搭載されている。

熱交換器の需要は広範囲にわたる。エアコンでの利用や自動車のラジエーターなどは身近な例だ。樹脂製熱交換器は塩水にも強く、鯛の養殖場の水温を維持する施設にも応用されるなど、今後さらに広い用途で利用される可能性をもつ。

「現在、福島県郡山市の日本大学工学部再生可能エネルギーシステム研究室が、浅部地中熱を冷暖房に利用するシステムを開発中です。そのうちの地下水直接利用システムの実験施設に、地下水特有の汚れに強いということで私たちの熱交換器が採用されています。過去には大阪大学やＮＥＤＯ（国立研究開発法人新エネルギー・産業技術総合開発機構）とともに、住宅街の下水の熱を再利用するプロジェクトに参画したこともあります。こうした仕組みが普及し、工場のような大きな施設だけでなく、一般家庭でも熱交換器の需要が見込めるようになることに期待しています」と大月社長はいう。

社員のモチベーションを高める勉強会

サンニクスでは社員同士のコミュニケーションの一環として、毎月勉強会を開いている。

「人間学を追究する記事で構成される『致知』という月刊誌があります。内容はさまざまな分野で活躍している人物のコラムや体験談を紹介しています。この『致知』を読むことで人間学を学ぶ『社内木鶏《もっけい》会』という勉強会を行っています。毎月1回、土曜の早朝に社員が集まって、記事を読んだ感想や、その内容を仕事や生活の中でどのように生かすのかといったことについて、参加者同士で発表し合い、意見交換をします。基本的に批判せず美点凝視のスタンスで社内のコミュニケーションを促すようにしています」（大月社長）。

勉強会は人間力を高めるという目的もあるが、目標をもつことやコミュニケーションを促すことで社内の一体化を図ること、そして読書の機会を設けるという点にも意味を見出している。

「以前業務の繁忙期に、勉強会を中断しようかと思ったこともあったのですが、若い社員たちが『続けてほしい』と訴えてきました。そういう意識は嬉しかったですね」（大月社長）。勉強会の積み重ねがサンニクスの社風づくりに役立っている。

社員の年齢層は上が70歳代から下は19歳まで、平均年齢はおおよそ45歳くらいだという。若い社員も積極的に要職に抜擢され、社員のモチベーションは高い。サンニクスの主要な取引先であるエプソンサービスの技能検定競技会で金賞を受賞した技術者が2人出ていることも、「いい人材に恵まれた」という大月社長の言葉を裏づける。社員たちの自主性や積極性はさまざまな場面で生かされ、会社のウェブサイトも社員が独学でスキルを取得して作成・更新を行っている。

「若い人は頭が柔らかいので失敗してもそこからたくさんのことを学べます。今、技術のトップにいる社員でも入社した頃は不器用なところがありました。溶着作業など最初はなかなかうまくいかず失敗しながら覚えていきました。むしろ失敗を恐れてチャレンジしなくなってしまうことは避けなければいけません。社長の器が会社の器では困ります。社員たちには会社の器を大きくするように成長してほしいと思っています」と大月社長は語る。

サンニクスの社員は、高い技術で取引先からの信頼も厚い

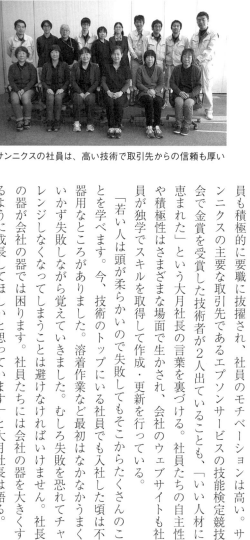

環境問題の解決を目標に

「環境と排熱は切っても切れない関係」と大月社長はいう。サンニクスが樹脂製熱交換器事業に注力することは、そのままエネルギー問題へのソリューションにつながり、それは同社の目標でもある環境への貢献を意味する。

「樹脂製熱交換器の開発にもっと力を入れていくことが当面の目標です。長く使えるものをつくり、さらにそれをリユースすることで廃棄が減れば、それも環境への貢献につながります。そのためにも技術が重要です。丁寧なつくりこみ、品質管理の徹底など、メイド・イン・ジャパンへのこだわりをもってつくっていきたい」と大月社長は語る。

「こうして45周年を迎えることができたのも取引先の皆様や従業員、これまでご理解いただいた皆様のおかげです。その感謝の気持ちを忘れず、これからも『凡時を徹底する』ことを心がけていいものをつくり続けていきたい」(大月社長)。サンニクスはさらなる飛躍に取り組んでいく。

サンニクス株式会社

設　立	1972（昭和47）年６月
事業内容	環境機器の開発、製造およびメンテナンスなどのサービス窓口
資本金	1,000万円
従業員数	40名
本社住所	〒390-1401 長野県松本市波田9949-1
電話番号	0263-92-2455
URL	https://www.sannics.jp/

株式会社シナノ

【製造業】

磨き続けたポール加工技術で、「人」を支える製品づくり

創業から間もなく100年。スキーポール（スキーストック）の国内トップメーカーであり、その技術を出発点にトレッキングポール、ウォーキングポール、歩行杖などを展開する株式会社シナノ。きめ細かなアイデアを込め、高い機能と信頼性を備えたポール類を世に送り出している。

①1919（大正８）年の創業以来、スキーポールをつくり続けてきた株式会社シナノ
②トップブレイヤーなどからの細かな要望が製品づくりに反映される
③長年培われてきた「支える技術」を生かし、多彩な製品を生み出している

支える技術でスポーツから介護福祉まで貢献

株式会社シナノは「ポール技術でWalking Lifeを支える」を企業スローガンに掲げる、長野県佐久市に本社を構える総合ポールメーカーだ。

最近、公園、郊外をはじめ街なかなどで、スキーで使うポール（ストック）とよく似たポールを両手にもって、さっそうと歩いていく人を目にすることがある。これは「ポールウォーキング」と呼ばれるものだ。ポールを使用することで、足への負担を低減し、姿勢正しく歩くことができる。また、ポールをもつことで、上半身の運動にもなり運動効果が高まる。中高年のメタボ対策や高齢者のロコモティブシンドローム（運動器症候群。主に加齢などにより骨・筋肉・腱などに障害が起こり、移動する能力が低下して寝たきりになるリスクが高まること）対策に効果的だと、近年注目度が上がっている。

そんなポールウォーキング流行の起点であり、使用されるウォーキングポールを主力商品のひとつとしているのがシナノだ。スキーの愛好者なら、「ああ、スキーポールのシナノね！」とわかる人も多いだろう。シナノでは、スキーポールのほか、ウォーキングポール、トレッキングポール、トレイルランニング用ポールや、高齢者などが使う歩行杖・ステッキを手がけている。

柳澤光宏社長

日本にスキーが伝わった黎明期からスキーポールを製造

同社が信濃スキー製作所として、上田市で創業したのは1919（大正8）年のこと。和竹製のポールの生産を始めたという。

オーストリア＝ハンガリー帝国軍人、テオドール・エードラー・フォン・レルヒが現在の新潟県上越市でスキーの指導を行い、日本に初めて本格的なスキー技術を伝えたのが1911（明治44）年とされているから、それから10年もたっていない。スキーは1912年には長野県に伝わり、その後長野県全域に広がっていったという。シナノは日本におけるスキーの黎明期に誕生した会社のひとつである。

「なにぶん私の生まれる前の話ですからはっきりしたことはわかりませんが、上田は上越からもそう遠くなく、スキー用具のメーカーも上越から長野県北部にかけての一帯に集中していたようです。このあたりが、スキーという新しいスポーツ文化の発信地になっていたのではないかと思います」と柳澤光宏代表取締役社長はいう。

創業当初はスキー用具全般を手がけていたが、1946（昭和21）年、株式会社として発足、スキーポールに特化していく。スキーポール専業のメーカーというのは世界的にも珍しい。当時のスキーポールの素材は竹。和竹だけでなく、中国産のトンキン竹を輸入。トンキン製ポールの生産を始める。

戦後間もなくの頃のスキーポール製造の様子

１９５６（昭和31）年からは、孟宗竹を裁断し、それを６本組み合わせた集成材でつくる合竹ポールを生産。ポールごとの強度のばらつきを抑えることができて、より安定したポールをスキーヤーに提供することができた。昭和30年代には年間40万組のポール出荷体制をもつ、押しも押されもせぬ国内ポール生産量第１位のメーカーへと成長した。１９５７年には工場・事務所を現在の地に移した。

１９５６年に派遣された日本の南極観測隊（第一次南極地域観測隊）の装備として同社の合竹ポールが選ばれ、特製ポール１００組を納入した実績をもつことは、専業メーカーならではの技術力と信頼性の証しといえる。

安全性と先進技術の融合を目指す

１９５０年代後半からポールの素材は合竹から金属が主流になっていく。シナノもまた、１９６８（昭和43）年にはスチールおよびアルミ合金（ジュラルミン）のポールの生産を開始。翌年社名を株式会社シナノに変更。同年には、国内メーカーとして全国で初めて、スチールとジュラルミンの熱処理・表面処理の工程を自社工場で一貫して行う体制を整え、トップメーカーとして業界を先導していった。

しかし1990年代に入ると、さらに新しい素材であるカーボンファイバーが登場した。今でこそカーボンファイバーをスキーポールなどの主力に据えるものの、当時は開発に苦しんだ。理由はカーボンファイバーのもつ特性をいかに制御するかであった。

「カーボンファイバーが優れた素材であることははっきりしていました。金属よりはるかに軽く、そして強い。しかし一方で、硬すぎて弾力がないなどの欠点もありました。スキーポールは単なるオシャレで使うものではありません。それはときに、『命を預ける品』になる場合がありま す。それだけに、カーボンファイバーがスキーポールに使われるようになるのは、もっと素材の特性が研究し尽くされ、十分な信頼性が確保されてからだろうと判断したのです。しかし、我々がこのように判断してアルミ合金製のポールをつくり続けている間に、欧米のメーカーを皮切りに、ハイエンド（最高級）の商品にカーボンファイバー製が登場し始め、それが人気を博したのです」と柳澤社長はいう。この新素材・新機能と安全性の問題は、メーカーに常に問われるものである。

「スキーポールだけでなく、我々が手がけているポール類のすべてにいえることですが、あらゆる機能の根底として、まず安全性が最も大事です。しかし、安全優先は一方で、ものづくりにおいては新しいものを取り入れる際の足かせになることもあります。そんなジレンマは今もありますし、これからも常に対応していかなければならないと思っています」と柳澤社長は語る。

シナノ初のカーボンファイバーモデル「CF−11」。軽さ、強靭さはもとより、安全性も追求した

競技用なら、より優れた記録を生みだすために。レジャー・スポーツ用なら、より快適な使用感とフィット感のために。新しい素材や新しいデザインに基づく機能強化は、技術を世に問うメーカーであれば欠かすことはできない。それと同時に安全性をどう確保するかがメーカーの技術力の見せどころといえる。

シナノが初めてカーボンファイバー製スキーポールを発表したのは1995（平成7）年のこと。ただし、単純にカーボンファイバーを採用したのではない。カーボンに加え、表面にアラミド繊維を巻くことで、カーボンファイバーの弱点だった裂けやすさを克服。万一破損した際にも破片の飛散を防ぐ構造とした。

シナノの製品安全に対する積極的な取り組みは、高く評価されている。経済産業省が選定する「製品安全対策優良企業表彰」において「商務流通保安審議官賞」を2013年、2015年に受賞している。

経営危機からの新たな展開

スキー産業は1990年代にピークを迎え一気に衰退していく。シナノも例外ではなく、一度倒産の危機に見舞われている。この苦難の時期がシナノの新しい展開のきっかけとなった。

日本で、スキーが冬のレジャーとして広く一般に楽しまれるようになったのは1960年代以降といわれる。1972（昭和47）年の札幌冬季オリンピックは、スキー人口拡大のきっかけとなった。シナノもまた、こうしたスキーの普及拡大を背景として発展を遂げてきた。さらに1980年代以降、日本がバブル景気（1986〈昭和61〉年～1991〈平成3〉年）に沸く中で、スキーはブームとなり空前の盛り上がりを見せた。

それだけに、バブル崩壊後の反動は大きく、スキー用品の売上は激減。シナノの経営を直撃した。スキーポールのトップメーカーとしての地位は守ったものの、最高で年間約100万組超を出荷（1990年）していたスキーポールは、みるみる生産量を落としていった。

「ほぼスキーポール一本だった当社が、どうやって業態を変化させ生き残っていけばいいのか。考え抜いた結果、我々のもっている技術のコアは『ポール技術』であると再確認したのです。使う人に握ってもらい、体を支えるものに関する技術とノウハウです。この当社の技術のコアを生かして、できることは何か。時代のニーズは何か。そこで出てきたのが、トレッキングポールや歩行杖などへの展開でした」と柳澤社長は語る。

スキーポールを「スキー用品のひとつ」とみるのではなく、視野を広げ「体を支えるもの」と捉える発想の転換だ。言葉にすれば簡単だ。トレッキングポールも歩行杖も杖であることには変わりはなく、少し形が違うだけと思うかもしれないが、当初は失敗も多かったという。

「歩行杖は特に難しかったですね。スキーポールは第一に瞬間的な衝撃に強いことが求められます。それに対し歩行杖に求められるのは継続的耐久性です。毎日、長時間使うものですから、形状だけでなく、もっと根本的な性能が違います。我々の身の回りの消費生活用製品の中では、一般財団法人製品安全協会という組織が安全性に関する基準（SG基準）を定めています。しかし、その基準を満たしてさえいればいいというものではありません。繰り返し使っていく中でどのような部分に傷みが出てくるのか。安全性を確保したうえで、しっかり手になじみ、長時間使っても疲れないようにするにはどうしたらいいのか。求めるスペック（性能）は多岐にわたります。そんな細かいニーズを一つひとつ実現していきました。それこそがうちのノウハウといえますし、仕事のおもしろさでもあります」と柳澤社長はいう。

シナノは、1993（平成5）年からトレッキングポールの販売を開始する。1999年には歩行杖のカイノスブランドを立ち上げ、歩行杖のSG工場認定を受けて本格的に市場に参入する。

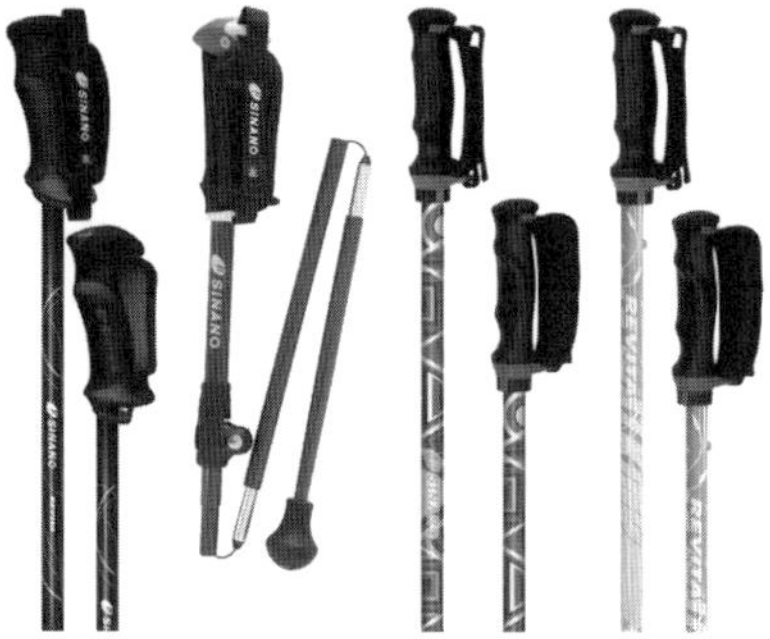
ウォーキングポール「REVITA」各種。日本人の体格や手の大きさをもとに、扱いやすさ、握りやすさを考え抜いて設計している

問題解決をベースに、きめ細かなものづくり

危機の中でまいた種は見事に根づき、トレッキングポールやウォーキングポール（ブランド名「REVITA（レビータ）」）、歩行杖（ブランド名「Kainos（カイノス）」）は、それぞれがシナノの経営を支える主要な柱へと成長した。スキーポールを含め、各製品の売上に占める割合は25％ずつとなっている（２０１６年3月期）。

それらの製品ラインナップ、各バリエーションを眺めると、ユーザーのニーズに実にきめ細かに応えて製品づくりをしていることがわかる。

「ものづくりをしていくうえで、やはりモニタリングは重要。ユーザーに対する聞き込みは欠かせない要素です。スキーポールに関しては小売店からの要望はもちろん、より高級なラインナップに関しては、トッププレイヤーやインストラクターの方々などからの細部にわたる要望も参考に企画を立ち上げ、試作・テストを繰り返します。製品にもよりますが、企画してから実際に商品として世に出るまで、早いものでも半年、長いと2、3年はかかっています。歩行杖もそうです。日常生活に密接にかかわるものですから、細かな『お困りごと』を丹念に拾い上げ、それに応えていくように開発しています。いわば『問題解決』をベースとしたものづくりですね」と柳澤社長は語る。

例えば歩行杖には、使用者の状態に応じて、さまざまなニーズがある。杖のグリップの形状は手によくなじむように考えられている。特に手が小さい女性向けなどのタイプもある。長時間の使用

で手のひらが痛くなる人向けには、発泡ウレタンラバーを使った柔らかいグリップのものもあり、これは特許を取得している。片麻痺のユーザーのために、片手でサイズ調節ができるものも開発した。杖の音をなるべく抑えるため、プラグ（異なるシャフトの接合部で生じる「ガタツキ」を抑えるガタ止めパーツ）部分の形状・素材にも工夫を凝らす。これだけをみても、素材・形状・機構など、開発のポイントが実に多岐にわたっていることがわかる。

もちろん、こうした「多方向の技術を組み合わせた問題解決」は、スキーポールやトレッキングポール、ウォーキングポールなど、同社の柱となる製品のどれにも共通する。

「当社は、アイデアを形にし、それを試作品という現物に仕立てるのは得意ですが、商品化は一筋縄ではいきません。試作品までつくったものの、そこで使いものにならないと判断することもあります。一般論として言うと、機能の充実が望ましいのは確かですが、そのために凝りすぎるとお蔵入りになりやすいですね。組み込みたい便利なギミック（工夫）はたくさんありますが、組み込めばそれだけ重くなってしまうので、その問題解決には悩みます」と柳澤社長。

シナノのメーカーとしての強みのひとつに自社一貫生産体制がある。企画・設計・製造はもとより、自社内でポール類の印刷を行う設備と技術ももっている。細く丸いパイプに印刷する技術というのは実は難しい。シナノでは主にシルクスクリーン印刷を行っているが、これは重ね塗りができるので色や模様に奥行きが出る。新たな取り組みとしてインクジェット印刷も導入しているが、これは色や模様に継ぎ目が出ないこと、使用できる色数に限界がないことが特色である。

「すべてのポールにおいて、機能性・安全性に加え、ユーザーに心地よく、いいものを使っていると感じてもらえるデザインは重要です。特に歩行杖では、外へ出るのが楽しいと思えるものにしたい。その点でも、高度な印刷技術は欠かせないのです」と柳澤社長はいう。

自社工場で製造した約100種類の杖を取りそろえる「ステッキ工房SINANO」（東京・有楽町）

「日本ナンバーワン」のブランド確立を目指す

創業からもうすぐ100年。その歴史の中で培ってきたシナノのものづくりの精神は、「伝統のポール技術」「信頼の品質」「お客様目線の商品開発」「オンリーワンのものづくり」「挑戦と成長」の5つにまとめることができる。「まじめなものづくり」の姿勢は昔も今も、そしてこれからも変わらない。そのうえで、今後の展開のポイントはどこにあるのだろうか。

「おかげさまで、スキーポールは現在も国内シェアのナンバーワンを維持し、知名度を得ています。しかし、同じく事業の柱として育ててきたトレッキングポールやウォーキングポール、歩行杖に関しては、一般のユーザーには、まだまだ浸透しきれていないと思います。主要分野でそれぞれシナノのブランドを確立し、我々のものづくりについてたくさんの人たちに知っていただくのが、大きな課題だと思っています」と柳澤社長は語る。

その戦略として、SNSや自社ウェブサイトを通じての情報発信を充実させている。2015年には東京・有楽町東京交通会館に直営店「ステッキ工房SINANO」をオープン。今後は都内に2店舗目を出店したいという。エンドユーザーとの接点をできるだけ多くもちたいという狙いだ。

「海外での販売拡大も課題のひとつです。スキーポールをはじめ、そのほかのポール類の輸出も拡大したいと考えています。世界の中でも、日本の歩行杖の機能、デザインはとりわけ充実しています。今後は、海外でも嗜好性の高い歩行杖のニーズは高まってくると思います。海外で認めてもらうにも、まず日本でナンバーワン・ブランドであるという地位を確立したい。そのためにも、使う人のニーズに応える製品づくりを今後も貫いていきたいと思っています」と柳澤社長は展望する。

株式会社シナノ

創　業　1919（大正８）年（設立1946〈昭和21〉年）
事業内容　杖・ステッキ、スキーポール、トレッキングポール、ウォーキングポールの製造・販売、レジャー用品の輸入・販売、FRP複合引抜材の製造・販売
資 本 金　9,900万円
従業員数　48名（2017年３月現在）
本社住所　〒385-0022　長野県佐久市岩村田1104-1
電話番号　0267-67-3321
U R L　http://sinano.co.jp/

株式会社タカギセイコー

【製造業】

世界中で信頼される眼科医療機器を製造

高い技術力、確実な信頼性が求められる医療機器の中でも、眼科医用の顕微鏡や視力検査機器などに特化してきた株式会社タカギセイコーは、長野県中野市で研究開発・製造を行い、世界市場で高い評価を得ている。

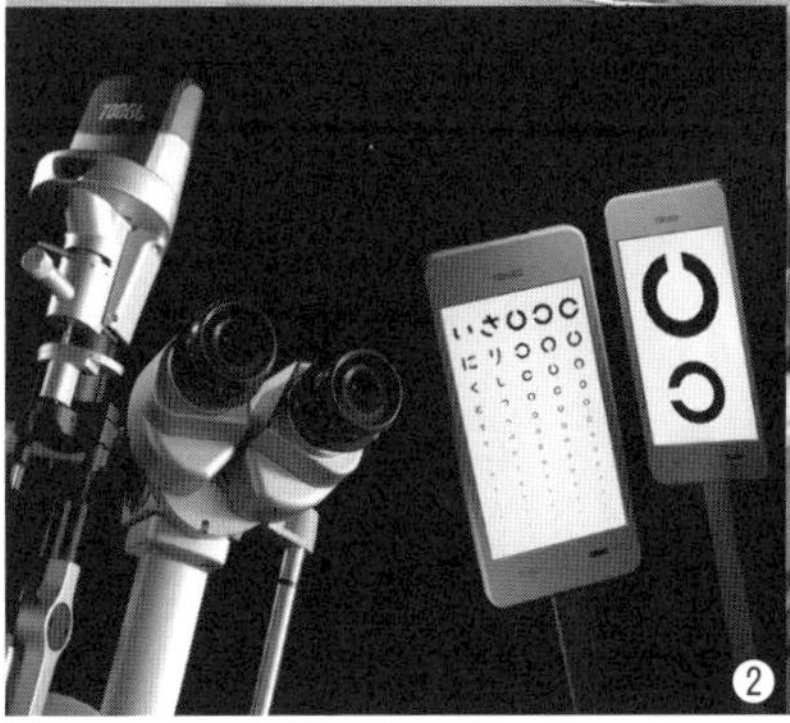

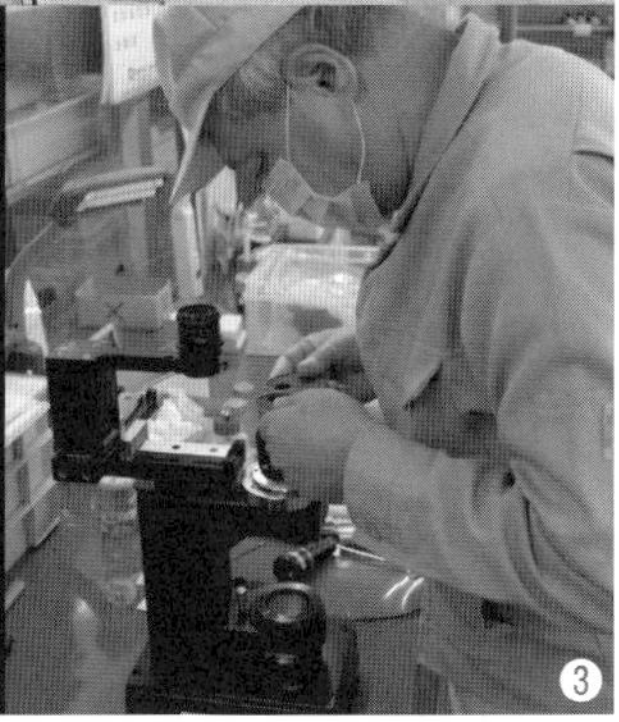

①メイド・イン・ナカノの優れた眼科医療機器を生み出す株式会社タカギセイコー
②同社製のスリットランプ（診察用顕微鏡）「700GL」（左）と視力表「VC-60」（右）
③世界一使いやすい製品づくりには、人の手や経験が必要になる部分も多い

知る人ぞ知る眼科医療機器メーカー

製品検査用の台の上にセットされた、眼科医用顕微鏡の接眼部。その接眼部の角度を変えてはのぞき込みながら、担当する技術者が小さなネジを操作して微調整を加えていく。

医療用の機器として、それを扱うドクターがどんな角度からのぞき込んでも、レンズの光軸がわずかでも狂うことがないようにする、光学調整の工程だ。

「この工程は、最終的にどうしても人の手と経験が必要になる部分です。現在では彼のような熟練の技術者や、技術の継承を目指す若手技術者数名が、これを担当しています」と株式会社タカギセイコーの高木一成専務取締役は説明する。

長野県中野市に本社があるタカギセイコーは、「世界一使いやすい眼科医療機器をつくろう」をテーマに優れた製品を生み出し続けているメーカーだ。1955（昭和30）年の創業から60年余り、世界市場の開拓に力を入れ、その製品は70か国を超える国々で眼科医や検眼士に使われている。海外で評価が高まり、日本でも需要が増えためずらしい普及のしかたをしている。

今では、さまざまなメイド・イン・ジャパンの工業製品が世界の信頼を勝ち得ているが、日本全国津々浦々に、この分野では知る人ぞ知るというような中小の技術系企業がいくつもある。タカギ

髙木和敏社長

セイコーもそのひとつなのだ。大手の眼科医療機器メーカーとは違い、大規模な生産ラインをもたないゆえにかえって小回りが利いて、ユーザーのニーズにきめ細かく応えることができる、そんな中堅・中小企業の強みを生かして伸びてきた企業だ。

1970年代から世界を主舞台に

創業者の高木一夫氏は、復員後まもなく中野市で日本医科器械工業という医療機器メーカーに職を得た。この会社は太平洋戦争中に工場疎開してきていたもので、やがて戦後の復興に伴い東京へ引き上げてしまったが、中野にとどまった一夫氏は、身につけた技術を生かして高木製作所を設立。数人の仲間とともに医療機器の製造を開始した。1955年のことだ。

創業からしばらくは機械設備も少なく、ライターや釣り具、メータの部品、さらには猟銃の撃鉄まで、さまざまな加工を請け負った。そんな中でも仕事の核となったのは経験のある医療機器の部品製造だった。メーカーのOEMだったが、創業期の社員たちは、そうした大手メーカーが驚くほど高い加工技術を身につけていた。

「実は、戦時中の工場疎開が出発点になっている企業は、長野県には多いのです。中央の会社が地方に技術の種をまいてくれたようなかたちです。もともと、農業でも創意工夫を凝らす土地柄であり、養蚕や製糸業を通して機械工業の裾野もあった。我々の会社も、そうした恩恵のもとに成り

1970年頃の社屋

立っていると思います」と高木和敏代表取締役社長は亡き父の時代を語る。

1960年代に入ると、外科用手術台や手術用照明補助灯などの製造も始まり、1962（昭和37）年に有限会社高木製作所に組織変更すると、眼科医療機器関連メーカーとしての道を歩み始める。1968年には自社製品の販売に踏み切った。

1972（昭和47）年には医療用具製造許可を取得し、株式会社に組織変更。海外輸出を開始する。

「それまで国内企業へのOEM供給を行っていた手前、いきなり国内で販売するのも難しいという事情もあって、最初からターゲットは海外市場でした。1971年にニクソンショック（ドル・ショック）、1973年に円の変動相場制移行と、輸出には厳しい状況が続きましたが、もともとOEMの仕事の価格引き下げ要求に応えきれなくなって自社ブランド立ち上げに至ったことでもあり、最初から海外市場でもまれたことは、当社の技術力を否応なく高めていく原動力になったと思います」と高木社長は当時を語る。

「我々はあくまで世界のスタンダードに沿うことを目指しました。また、我々のような中小企業では、遠い海外からのメンテナンス要求に応えるのは大きな負担になります。そのためメンテナンスの必要性が低いことが欠かすことのできない要素でした。しかし、それが逆に『ＴＡＫＡＧＩの製品は壊れない』という信頼性の獲得につながりました」（高木社長）。

１９７８（昭和53）年に京都で開催された国際眼科学会（第23回）に初出展、１９８６（昭和61）年にはローマの国際眼科学会（第25回）に海外開催で初出展した。

１９９０（平成２）年に株式会社タカギセイコーに社名を変更し、一夫氏から後継して和敏氏が社長に就任した。

１９９８（平成10）年には国際規格ＩＳＯ９００１、ヨーロッパの規格ＥＮ４６００１やＭＤＤ（医療機器指令）を取得する一方で、２０００年には大阪営業所を開設。国内での販売にも注力していく。

「20年もＴＡＫＡＧＩの顕微鏡を使っているよ」と声をかけられる

立ち上げた当初は国内でも海外でも無名のブランドだった「ＴＡＫＡＧＩ」だが、海外市場では、純粋に品質の良しあしで判断してもらうことができた。むしろ新参のタカギセイコーが割り込む余地の見込めない国内市場で戦わずに済んだのは幸運だったたかもしれない。

当初はすべて商社経由で輸出を行っていたが、それを直接貿易に切り替えたのは、ユーザーからの声を直に吸い上げたかったからだ。海外企業と直接取引することは、リスクもあるがメリットも大きく、ユーザーの声を生かして製品機能の向上を図ることができ、いっそう品質の信頼性も高まる効果が得られた。

「2016年、南アフリカで行われた展示会に行ったのですが、そのとき、ソマリアのドクターから、『もう20年もTAKAGIの顕微鏡を使っているよ』と言われました。ケニアのドクターからも『TAKAGIのスリットランプをずっと使い続けているけれど、具合がいいよ』とお褒めの言葉をいただきました」と言いながら、髙木社長は「もちろん、そろそろ新しい製品に買い替えていただけると嬉しいのですが…」と苦笑する。

輸出が売上のほとんどを占めていた国内販売網の創生期には、留学先でメイド・イン・ジャパンの眼科医療機器が使われているのをみて、帰国後、わざわざ「TAKAGI」を探して問い合わせてくれた日本人ドクターもいた。こうして、次第に日本国内でも「TAKAGI」の名が知られるようになり、現在では、大学病院をはじめ日本全国でタカギセイコーの製品が使用されている。

グローバル・スタンダードの概念に基づく製品づくりの結実には、タカギセイコーの視野の広い企業努力があった。2004（平成16）年には医療機器における品質マネジメントシステムの「ISO13485－2003」を取得し、海外の規則・規制に適合する製造販売体制を整備、「TAKAGI」ブランドの品質を裏づけている。生産量は着実に伸び、2016年の売上総額は29億円。

「ここへ来て、ようやくドイツのカールツァイスやスイスのハーグストレイトなどの大メーカーと対等に評価されるようになりました。スポーツに例えれば『世界大会の決勝戦に出られるまでに成長した』というところでしょうか」と高木社長はいう。

新世代の眼科医療機器を開発・投入

優れた機能性の評価と高い信頼を獲得したことに加えて、タカギセイコーの製品はコストパフォーマンスにも優れている点で、ネームバリューよりも評価が率直な海外市場で売上を伸ばした。為替変動の影響により若干の上下はあるが、現在でも6対4から7対3の割合で、輸出が国内向けを上回っている。ハイレベルな製品であることはもちろんだが、先行する大手メーカーとの競争では、コストパフォーマンスに優れていることがタカギセイコーの強みだ。

「その基本姿勢は変わりませんが、新しい製品を開発しなければ勝ち抜いていけなくなることも間違いないところです」と高木社長は危機感をもち、開発に力を入れてきた。

２００８（平成20）年のリーマンショック以後輸出企業には不利な円高が続き、なかなか新製品を市場に投入できない時期が続いたのだが、２０１４年以降、主力製品である顕微鏡関連の製品を一新するべく新製品の投入を次々に進めている。

その一例が２０１４年に発売した、眼科診察用スリットランプの新世代機種「７００ＧＬ」だ。スリットランプとは、細い光を目に照射し、その光の散乱現象（チンダル現象）によって、眼球

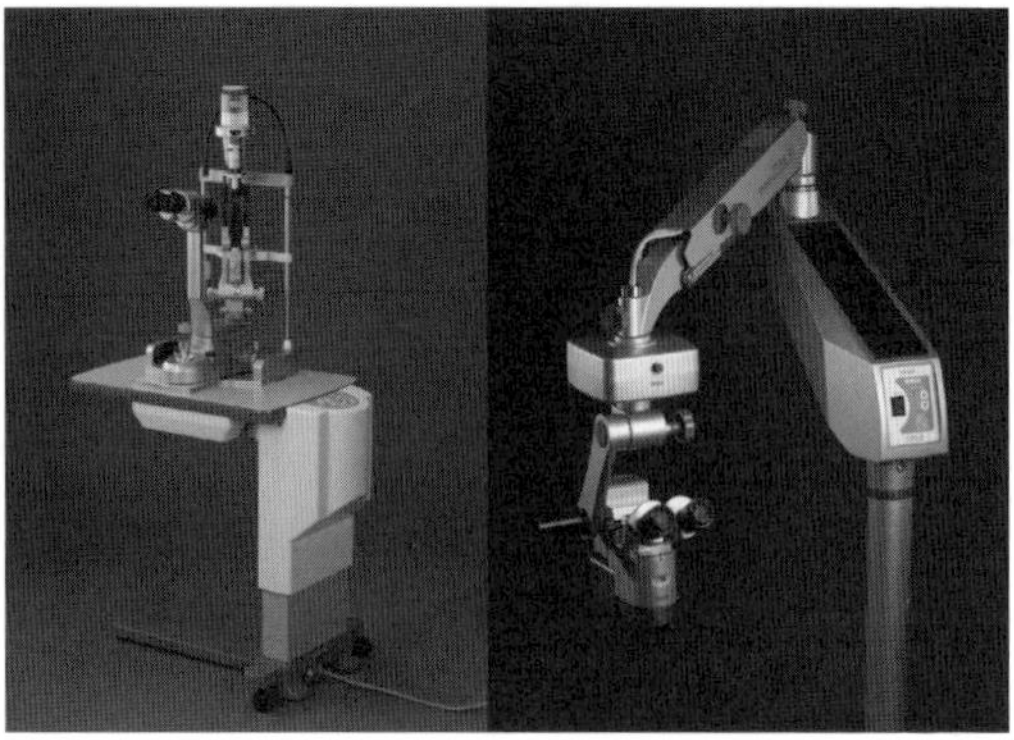

スリットランプ「700GL」（左）と手術顕微鏡「OM-9」（右）

をナイフで切ったように断面を観察できる顕微鏡のこと。眼科の診察には欠かすことのできない機器のひとつである。

７００ＧＬは、従来のハロゲンランプに替えて、ランプユニットにＬＥＤ光源を搭載したガリレオ式（実体顕微鏡の光学系の種類で、平行に配置された左眼と右眼の２つの変倍光学系と、ひとつの対物レンズで構成されるタイプ）の機種で、これによって照度が高く、均一で照明ムラのない照明光をつくり出すことに成功した。

それ以外にも色補正フィルターを追加してＬＥＤ特有の青色域にあるピークを減少、バックグラウンド照明の搭載など光学面の改良や、電源ケーブルや映像システムとの接続ケーブルが表に出ないようにして操作性を高めるなど、きめ細かに機能・性能の向上が図られている。

しかし、明るく消費電力が小さいからといって、単純に光源をＬＥＤに変えればよいというものではない。「従来のハロゲンランプと比べＬＥＤは波長に癖があり、眼に直接照射することが果たしてよいのかという懸念もありました。眼底に直接ＬＥＤの光が入っても問題ないようにするには、どう工夫するか。特定の波長を軽減するためのフィルターを新たに開発するなど、さまざまな技術開発が必要でした」と高木社長は苦心を語る。これら独自の技術は特許も取得しているという。

スリットランプの開発は続き、新型の「2ZL」「4ZL」が生まれ、また2016年8月にはグリノー型（実体顕微鏡の光学系の種類で、左眼と右眼が傾斜角度をもって独立した変倍光学系を配置したタイプ）スリットランプでも新型「30GL」を発売している。

手術顕微鏡では、高性能・高機能をそのまま小型化し、高輝度LEDを採用。デザインを一新した「OM－9」などの新世代製品が生まれている。

医療機器は、機能と同様に使い勝手、操作性が非常に重要だ。

「ドクターにとって、世界一使いやすい道具をつくっていこう」。タカギセイコーのテーマでもあり、高木社長が最も重視する点だ。「眼科では、最初にスリットランプを通して詳細な診察を行います。それだけに、スリットランプのジョイスティックの感触から、動かしたときのレスポンスに至るまで、神経の行き届いたものを提供することを心がけています。そのよさをドクターにも認めてもらえるようになりたいものです」と高木社長はいう。

タカギセイコーの製品には大きく3つの柱がある。ひとつ目は眼科用の顕微鏡で、これは診察用スリットランプと、手術用の顕微鏡の2つに大別される。2つ目は視野検査・視機能検査の機器。そして3つ目は、それらの機器をよりよく使うための診察用のテーブルや椅子のユニットである。ケーブル類をすべて内蔵して断線などの故障に備えること、スッキリと快適な診療空間をつくることは、機能性はもちろん、医療従事者や患者が「いい医療機器で診ている、診てもらえている」という満足感を得るために必要な要素なのだ。

「その意味でも、ユーザーであるドクターからのフィードバックをいただくことは大事です。機器の使用感はドクターでなければわからない。小さなヒントでも製品の質、使い心地の向上につながっていると思います」(髙木社長)。

「世界のトップランナー」の一員に

2015年は創業60周年、タカギセイコー設立25周年の節目の年だった。眼科医療機器メーカーとして「世界のトップランナー」の一員にまで成長し、進化を続けるタカギセイコーを支える従業員数は約160名。技術部門には、光学、機械、電気・電子、コンピュータソフトウェアの開発・設計者、製造部門には、生産管理職、精密部品加工職、器械組立職者が働く。営業職は、国内販売と海外販売の2部門に分かれている。大阪営業所以外は中野市岩船の本社にあり、「メイド・イン・ナカノ」を世界に発信している。中野で、設計開発、加工、組立、販売から輸出までのすべての流れをカバーしているのだから、人材育成は大きなテーマだ。

「かつては、我々のような中小のメーカーにおける人材育成とは、主に『先輩の仕事をみて覚えろ』だったと思います。しかし現在では、なかなかそれでは人は育たないし、技術もうまく継承されていかない。きちんと社内で教育するシステムも整えていかねばなりません。作業標準書を整えたり、光学や加工技術に関する検定受検を勧めたり、大手メーカーOBの技術者など『マイスター』レベルの技術者に講習を頼むなどといった、さまざまな方策を導入しています」と髙木専務。人材育成とともに会社の組織づくりでも大事にしていることがある。

各種の教育訓練を通じて技術を受け継ぎ、同社のものづくりを支えていく

「人間、誰でもオールラウンドに能力を発揮できるものではなく、得手不得手があって当たり前です。欠点だけをみてだめと言ってしまっては組織は回っていきません。何かその人なりの技術、特技があればよく、さまざまな人が集まるからこそ、会社はおもしろい。長所は伸ばし、短所はカバーし合いながら、適材適所でチームとしての力を発揮していく。そんな組織でありたいですね」と髙木専務は語る。

かつては名人技が要求された顕微鏡の根幹であるレンズ設計も、現在では計算はコンピュータがやってくれる。しかし最終的にはやはり人の手による設計の妙が欠かせないそうだ。顕微鏡のレンズづくりには、そのほかにメカニック系、電気系など幅広い技術が関係している。それらの技術分野をすべて自社で賄える体制を整えていることは、タカギセイコーの大きな強みだ。創業以来60年余、中野で築いてきたものづくりは、十分に根づいている。

人工知能（ＡＩ）や通信など、新しい技術が次々に導入されていく。遠隔医療の技術もめざましい。眼科医療機器でも、デジタル技術とよりいっそう融合の度合いを高めるなどの技術革新は欠かせない時代だ。研究開発を進めるうえで、他企業や大学などとの連携を深め、協力していくことがますます重要になっていく。

「これまで、初めて取り組んで開発してきたことはたくさんありました。一方で、できなかったこともありました。これからもチャレンジしていきたいことはいくらでもあります。そうした中で、ほかに真似のできないものづくりをしていきたい。信州人は理屈っぽく、まじめで、ものづくりにこだわりがある。新しいものを生み出すにはうってつけだと、私は勝手に思っているのですが、どうでしょうか。今後も長野発、中野発で世界に通用するものづくりを続けていきます」。

高木社長の言葉どおり、学問が好きで、努力を継続する信州人の力は、人の手によるものづくりを支えていくに違いない。

株式会社タカギセイコー

創　業	1955（昭和30）年６月
事業内容	眼科医療機器の製造販売
資本金	3,000万円
従業員数	157名
本社住所	〒383-8585 長野県中野市岩船330-2
電話番号	0269-22-4511（代表）
ＵＲＬ	http://www.takagi-j.com/

有限会社トップリバー

【農業】

「儲かる農業」を広め、日本の農業を活性化する農業経営者を育てる

有限会社トップリバーは、レタスやキャベツなどの高原野菜を核に「契約栽培による農産物の生産・販売」で「儲かる農業」のビジネスモデルを確立、収益を上げながら、独立を目標にシステム化された「農業従事者の育成・指導」との２本柱で事業を展開し、明日の農業を支える。

①農業で確実に収益を上げる「農業経営」を実践する有限会社トップリバー
②農作業を経験しながら、農場経営、独立就農に必要な知識と技術を習得していく
③研修期間中に、独立就農に向けた準備（農地・農業機械などの取得）も指導する

「儲かる農業」を実現した「ど素人集団」

2000（平成12）年に設立してわずか9年で年商約10億円を突破、以後もその企業規模を維持している農地所有適格法人（旧農業生産法人）が長野県、浅間山麓の御代田《みよた》町にある。有限会社トップリバーだ。レタス（レタス、サニーレタス、グリーンリーフ）、キャベツ、ハクサイなどの高原野菜を標高差のある3産地（北佐久・南佐久・富士見）で生産。また、安定出荷のため静岡県でも直営農場による契約生産を行っている。現在、契約農家を合わせて約200ヘクタール（そのすべてが借地）を耕作している。

嶋崎秀樹社長

嶋崎秀樹代表取締役社長は、「自分たちは農業に関しては『ど素人集団』である」と言い切る。そして「私やスタッフが農業のど素人であったからこそ、従来の日本の農業を取り巻くさまざまな『縛り』を越えて『儲かる農業』を実現できたのだ」という。

41歳でトップリバーを設立した嶋崎社長は、南佐久郡の生まれ、大学卒業後は菓子メーカーで営業マンをしていたという経歴のもち主である。転勤を重ねる営業マン人生の中で自分の将来について考え、1988（昭和63）年に会社を辞め妻の実家（御代田町）の産地集荷業の会社に入社、1993年に跡を継いだ。まったく経験のないところからのスタートだが、それだけに、それまで企業社会の中で培ってきた「ビジネスの常識」とかけ離れていることに大きなショックを受けたという。「農業に、きちんとしたビジネスの考え方をもち込もうじゃないか」(嶋崎社長)は、トップリバーの原点になっている。なお、社名の由来は、生産者として流通の川上に立っていることを表している。トップ(上流)リバー(川)だ。また、同社近くを流れる千曲川の上流には、高原レタスの一大産地・川上村があり、そこに同社の集荷場(冷蔵庫)があることもイメージしている。

直接販売による収益安定を目指して生産にも乗り出す

嶋崎社長の義父は、近隣農家から野菜を仕入れて市場などへ出荷する産地集荷業者だったが、収益が安定していなかった。例えば豊作になればなったで、市場価格はどんどん下がり、売り値よりも収穫するコストのほうが上回って赤字になる。不作の場合は、単価は上がっても出荷できる作物自体が足りず売上は伸びない。出来不出来、市場の相場に左右され、生産者が価格決定権をもたない農業では、収益を伸ばすことはできない。

そこで嶋崎社長が考えたのは、買い取り価格が上下する市場ではなく、一定の価格で買い取ってくれる相手に直接作物を販売することだった。「一定の価格で買い取ってくれる」ということは「予定された数を確実に出荷する」ことと表裏一体だ。工業製品であれば、水準を満たした品質の製品を必要数、決められた期日までに納品するのは当然のことである。

農業では、おおよそのところは作付面積で予想できるとしても、いつごろ、どれくらいの収穫があるのかを確定するのは難しい。もちろん、農作物は生き物である以上、その出来が天候その他に左右されるのはしかたがない。しかし、「あまりに『しかたがない』で流してしまう部分が多すぎるのではないか」。それが、農業に携わるようになってすぐに、嶋崎社長が強く感じたことだった。

「あらかじめ注文を取って、その数だけを直接販売しよう」と計画を組んで農家に話をもっていっても、最初のうちはどこも、「先々どれだけ収穫できるかなどはわからない。天気次第なのだから」と、けんもほろろだったという。そうした中で、過去数年間のレタスの平均単価を調べ、確かなデータを示して契約生産者になることを説得し、契約農家を増やしながら、直接販売の販売先を開拓していった。それだけでなく、近隣農家の遊休農地を借り受け、2000（平成12）年に自らも野菜の生産に乗り出した。これが、トップリバー設立の経緯だ。

直接販売では、卸値は契約時に取り決めれば、豊作時にも値崩れすることはない。もちろん不作時に高値で売ることもできなくなるが、きちんと収益の予測が立てられるようになるから、会社としての基盤はしっかりする。

しかし、それには「予定された数を確実に出荷する」ことが前提になる。もしも収穫が予定数に満たなかった場合には、たとえ割高になっても、不足分を市場などで調達して確実に数をそろえる。契約を守るのは「ビジネスの常識」であり、トップリバーにとっても当然のことである。

外食・中食産業向けが主なターゲット

「農業経営」では営業と生産が両輪といえよう。

営業が「あらかじめ野菜を消費してくれる人たちから価格を決めて注文を取り、その分を生産する」という、「売る」ポイントから逆算しての農業生産となる。

「作付けは、顧客との取引をベースに計画を立てます。例えば出荷時に100必要だとすると、余裕をもって120つくるというふうに考えます。たとえ少々不作になっても、その誤差は20％以内に収まるだろうと計算するわけです。もちろん、単純に割り増して予定を立てるのではなく、実際に毎年栽培していく中で記録を残し、データベース化して分析・予測力を磨き、精度を上げていきます。それが生産方法のノウハウの確立とコストダウンにつながります」と嶋崎社長は語る。

売り先は安定的に収益が見込めるところでなければならない。都会のスーパーマーケットに並ぶ野菜はどれもみた目が美しく、形もきれいに整ったものがほとんどだ。これは、消費者が喜ぶというだけではなく、流通業者などにとっても形がそろっているほうが箱詰めなど都合がいいという事情がある。せっかく、味や品質に問題がなくても形が不ぞろいでは値が落ちる。それに対して、外食産業向けに加工野菜を卸すベンダー（供給業者）の場合は、どのみち加工してしまうので、多少の形の不ぞろいは問題にならない。彼らが必要とする野菜は、歩留り、一定価格・一定数量が勝負となる。また、このような流通は、最終的にお店で出すメニューの価格は基本的に一定なので、

「豊作だから安くなる」ありがたみより、「不作で値上がりしたので従来の価格でメニューが提供できない」ことのほうが困る。その点でも、安定して材料を仕入れられる事前契約の形式は双方にとって望ましい。実際に、トップリバーの売上（２０１６年末12億７０００万円）は、株式会社サイゼリヤ、株式会社ぎょうざの満洲などの外食・中食産業向けの契約栽培が７割を占めている。

「確実に農業で収益を上げる道がある」ことを示したい

「実際の農作業に当たったのが『ど素人の集団』であったことも幸いした」と嶋崎社長は語る。自社での生産1年目は近隣農家の子弟を頼んだのだが、予定した数量の野菜を収穫することができなかった。むしろ、農業を志す都会の若者を集めた2年目からが生産は順調に進んだ。「作物は天気次第という思い込みがない分最初からあきらめることなく、どうしたら計画数量を達成することができるかなど、がむしゃらに努力したことが成果に結びついたのではないか」と嶋崎社長はいう。

また、まったくの素人だけに、何かわからないことがあると、彼らは積極的に近隣の農家に聞きに行った。近隣の農家も、「商売敵に野菜づくりのコツなど教えるか」などとは言わなかった。むしろ、都会から農業を志してやってきた「頼りない後進たち」に、親切に助言してくれた。

もともと長野県は高原野菜の産地としては定評がある。トップリバーはそのブランド力を土台にしながら、生産技術を磨くとともに、生産管理・品質管理を徹底し信用を高めていった。生産から最終消費までのトレーサビリティーを明確にし、2008（平成20）年7月には、直営農場が長野県下で初めてのJGAP《ジェイギャップ》（Japan Good Agricultural Practice）認証（青果物部門）を取得している。JGAPはGAP（農業生産工程管理）のひとつで、日本GAP協会が2007（平成19）年にスタートさせ、農林水産省も導入を推奨している農場審査・認証制度である。食の安全や環境保全に関して、生産の各段階での厳密なチェックリストをクリアした農場に与えられる。

こうして、契約販売先を開拓する営業部門、出荷から逆算する生産計画システム、産地分散による安定出荷、JGAPを導入した生産管理が整い、トップリバーのビジネスモデルは確立した。日本の農業が抱える問題・課題はさまざまあるが、そうした中にあっても、「確実に農業で収益を上げる方策はある」というひとつの解答例を示したといえる。

「農業に就いて幸せになることができる。端的に言えば、農業で儲けることができるということを皆に示したい。そのためには、たまたま一発当てて儲けたというのではなく、勝ち続け、輝き続けなければいけない」と嶋崎社長はいう。しかしそれは、単純にトップリバーが成長企業として大きくなっていこうという意味ではない。

JGAP認証を取得し、生産・品質管理を徹底している

作物を育てると同時に「人を育てる」企業

トップリバーは「農業で利益を上げる企業」だけではなく、トップリバーを足がかりに、「儲かる農業」を全国に広げていくための農業経営者を育て、巣立たせていくことを大きな目標に掲げている。嶋崎社長の言葉を借りれば、「トップリバーのDNAを広めていく」ということになる。

現在、トップリバーの従業員数は約90名（うち、50名は農繁期の季節雇用スタッフ）で、その中心は農作業に当たる若手のスタッフが占める。働いている若者に農家出身者はほとんどいない。

通常の企業であれば、若手社員を育て、数年たって一人前になったら、彼らが稼ぎ頭となって企業を牽引することになるのだが、トップリバーの場合は事情が異なる。トップリバーでは、入社から6年をめどに、自ら一国一城の主として独立していくことが推奨されているのだ。

トップリバーの研修プログラムでは、1週間の短期研修の後、3～6か月の長期研修に進み、これを終えて正社員（研修生）となる。1年目は「初心者として体力・精神力を養い、自分の得意分野を見つける期間」、2～3年目は「1年目に身につけた農作業をもとに、技術を覚えチームワークを学ぶ期間」、4～6年目は「農場長として農場を運営する期間」、そして独立「自分の夢をかなえる期間」と規定されている。

給与は年俸制を取り、1年目223万6000円、2年目245万6000円、3年目267万6000円、4年目（農場長）は366万円、5年目以降は500万円が目安となっている。

農繁期の作業は厳しく、早朝から夜までみっちりとやることが詰まっている。しかし、そうした作業を通して、自分たちがつくっている作物に関する知識、農業機械などの扱い、生産管理の技術だけでなく、生産した野菜をどうやって売っていくかというトップリバーならではの営業のノウハウも学んでいく。生産の各班のリーダークラスになれば、人の使い方だけではなく、アルバイトの採用なども受けもつことになる。冬の農閑期も、のんびり休んでいるというわけではない。この時期には、普段はできないデスクワークや次の年に向けての計画策定など、マネジメントにかかわる業務を行う。さらには、若手スタッフを対象とした、専門家による農作業に関する講義を行うこともしばしば。「『トップリバーは企業というよりも、研修施設ですね』と言われることがありますが、実際、そのとおりだと思っています」と嶋崎社長はいう。

農閑期には講義などを通して農作業の知識や技術を学ぶ

6年たったらハイさようなら、ではない。トップリバーに在籍している間に独立就農に向けた準備（農地・農業機械などの取得）も指導し、販売先の道筋も整えていく。巣立った後も何か困ったことがあればサポートをいとわない。場合によってはトップリバーの「協力農家」として連携して活動することも可能だ。実際に、トップリバー出身の若手農業経営者はすでに30

名おり、長野県内だけでなく千葉県や静岡県など日本の各地に根づき、収益を上げることのできる農業を展開し始めている。「トップリバーは勝ち続け、輝き続けなければいけない」という嶋崎社長の言葉は、トップリバーを巣立っていく後進たちの目標であり続けようという決意の表れなのだ。

さらに農業に新規参入しようという企業向けの研修制度も行っており、農業経営のノウハウを提供している企業にもトップリバーのＤＮＡは広がっている。

農業は変わることができる

見方によっては、トップリバーはせっせと自らのライバル企業を育てていることになる。しかし、それは言い換えれば、日本の農業にはまだ、こうした新しいやり方であれば若い農業経営者が、十分に収益を上げていける余地が存在するということだ。

「トップリバーの希望は、当社の『一人勝ち』ではなく、若い農業経営者による地域の活性化、日本農業の活性化に役立っていくことなのです。現在、農家はどんどん減っています。生き物相手の仕事で休みも取りづらく収入も安定しないというのであれば、たとえ農家の子どもであっても家業を継ぐのをちゅうちょしてしまうでしょうし、親も子どもの幸せを思えば無理に継げとも言いづらい。我々経営者は農業振興などと盛んにかけ声を上げるだけでなく、20代のうちはがむしゃらに働くけれど、30代になれば１０００万円を超える収入を得て幸せな生活設計ができるような実例を示し、『自分にもできるかもしれない』と思わせることができれば、農業に人が戻ってくるはずです」と嶋崎社長はいう。

既存の農業従事者と摩擦を生むことはないのかと思われるが、実際には、先述のように創業時以来周辺の農家に大いに助けてもらっている。また、自社農場の運営は周辺の遊休農地を借り受けて行っているので、良好な関係構築には十分配慮している。「昔からの農家の方々でも、JAの方々でも、日本の農業の現状には危機感や閉塞感を抱いている人は多いし、もちろん、皆さん真剣に農業について考えています。何か一緒にやれることがあれば、協業の可能性はいろいろあると思います。どのようなかたちであれ、特に長野県の若い人たちに、『農業は変わる、変われるのだ』ということを今後も示していきたいと考えています」と嶋崎社長は思いを語る。

高原野菜の畑が広がる長野県富士見町

地域活性化に挑む「富士見みらいプロジェクト」

「地域の活性化に役立っていきたい」という嶋崎社長の思いを実現するプロジェクトが現在進行している。2014年から始まった長野県諏訪郡富士見町での「富士見みらいプロジェクト」だ。富士見町は標高１０００メートル以上、平均気温は10度前後、高原野菜の生育に適した土地である。菊やカーネーションなどの花きやセルリーの産地として有名だが、50歳以下の農業従事者が少なく、遊休農地の拡大が課題となっていた。このプロジェクトは地域農業地の有効活用による地域活性化と雇用創出による経済効果を目的に発足した。同プロジェクトは一般社団法人農林水産業みらい基金の「農林水産業みらいプロジェクト　２０１４年度助成対象事業」に選出され、資金面でのサポートを受けている。

具体的には２０２０年までに農場を１００ヘクタールにまで拡大し、「富士見町を高原レタス・キャベツの一大産地に育てる」という目標のもとに、トップリバー、富士見町、ＪＡ信州諏訪の三者協業で、農地整備から高原野菜の栽培、全国への出荷などに取り組んでいる。トップリバーは富士見町でも農業経営者の育成とともに儲かる農業を後押ししている。トップリバーはこうした取り組みを通じて、新たな産地づくりのノウハウの普及、農業による地域活性化を目指し、日本の農業を変えていこうとしている。

有限会社トップリバー

創　業	2000（平成12）年５月
事業内容	大規模農業経営者育成支援事業、野菜の生産・販売
資 本 金	1,000万円
従業員数	90名（うち季節雇用50名）
本社住所	〒389-0206 長野県北佐久郡御代田町御代田3986-1
電話番号	0267-32-2511
U R L	http://www.topriver.jp/

株式会社土木管理総合試験所

【土木建築サービス業】

土木・建設関連の多様な調査・試験・分析をワンストップで提供

長野市の株式会社土木管理総合試験所は、1985年の創業以来、右肩上がりの成長を続けている。同社は国内有数の規模・機能を備えた自社試験センターをもち、土質・地質調査、非破壊試験、環境調査などを行う高い技術力と現場密着の営業力で顧客のニーズに応えている。

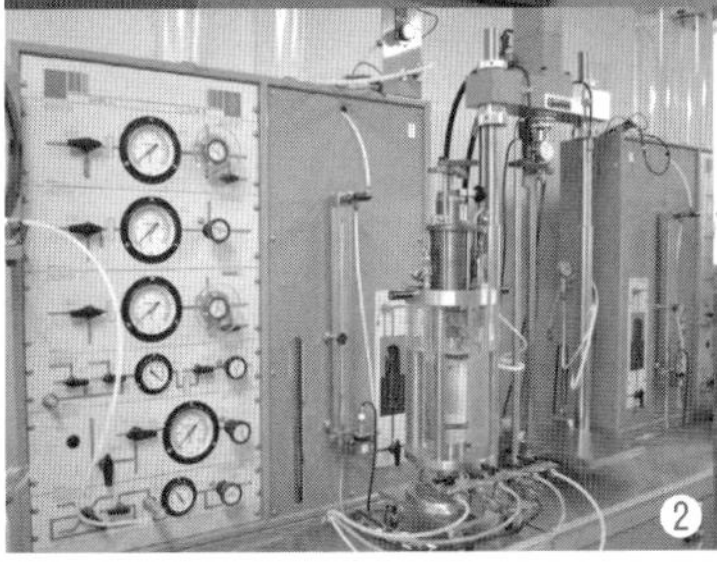

①長野市篠ノ井の本社構内には、土壌・水質・大気の環境分析試験センターを併設
②地盤の状況を探る地質調査は、土木構造物や建築物の施工に必要不可欠
③３Ｄレーダを使い、走りながら路面下の空洞や舗装の劣化個所を立体的に調べる「ロードスキャンビークル」

現場のニーズに応える現場密着のビジネスモデル

土木・建設業や建設コンサルタント業は、営業形態として公共事業に依存しがちである。そんな業界において、官需のみに依存しない独自のビジネスモデルで成長し続けているのが株式会社土木管理総合試験所だ。

同社は土木・建設工事に欠かせない土質・地質調査試験、非破壊調査試験、環境調査試験を専門とする試験総合サービスをコア事業とし、地盤沈下を起こす不良地盤、軟弱地盤の地盤補強工事事業も展開。１９８５（昭和60）年の創業以来右肩上がりで業績を伸ばしている。２０１６年12月期の連結売上は45億円を超え、特に過去４期の平均増収率は10・45％と驚異的な伸びを見せている。２０１６年10月には念願の東京証券取引所第一部上場も果たし、２０１７年４月からは東京本社を設立して長野本社との２本社制を取る。今後２０２０年の東京オリンピック・パラリンピックをはじめ、リニア中央新幹線建設や北陸新幹線延伸などの大型事業での調査需要を狙い、さらなる飛躍が予想される。

下平雄二社長

下平《しもだいら》雄《ゆう》二《じ》代表取締役社長は土質分析を専門とするエンジニアで、もともとは名古屋の建設コンサルタント会社に勤務していた。

「両親は長野県出身です。父の転勤のため、私自身は京都で生まれ、名古屋で働いていました。

その頃の長野は私にとって遊びに来る場所でした。当時は高速道路もなく道も悪くて、不便な印象がありました。ただし、高速道路や新幹線などの将来計画はあったので、『必ず流れは来る』と考えて長野で起業しました」と下平社長は語る。

夫婦二人で中央資材検査所（1986年に現在名に商号変更）として土質試験の事業からスタートした。下平社長が営業と技術を一人でこなし、夫人が事務を担当した。土質試験は文字どおり土の性質を調べるための試験で、その試験結果は構造物の設計や施工に大きな影響を与える。試験にはさまざまな項目があり、それぞれに試験機器を使用する。創業当初は自宅兼事務所の庭に物置を建て、そこに各種試験機器を置いて試験をし、顧客に提出するためのレポートを作成した。

「最初は飛び込み営業でした。建設会社や設計事務所、ときには現場事務所まで回って、現場密着で先方の悩みを解決するというアプローチを取りました。県や市などの仕事は新参者にはハードルが高かったこともありますが、現場のニーズに応える中で、結果としてそのデータが役所まで上がっていきますから、そういう使い方をしてもらえればいいと考えていました」と下平社長はいう。

実際に、同社の売上における官需の比率は1～2割程度で、官庁依存が多い業界においては異例の構成比といえる。

「官と民のバランスを考えて営業しています。土木・建設関連業界はどうしても官を向きがちですが、それでは売上に波が出てしまいます。2016年の国の公共事業費は約6兆円で、最盛期の2分の1以下まで減少しています。これでは会社は食べていけません」と下平社長。

会社の基盤をつくった長野オリンピック

土質試験で起業した当時はまだ景気もよく、建設会社や建設コンサルタント会社は自前の試験室をもっているのが普通だったという。

「逆にいえば、こうした試験を外注しようにも引き受けることができる会社は少なく、県の工業試験場や大学の研究施設を使うしかありませんでした。ところがこうした施設は順番待ちになりますから、スピーディーな対応ができません。私たちは迅速に顧客の要望に応えることで事業を広げていきました。『これから公共事業は厳しくなりますから、皆様が本来のインフラづくりに集中するために、試験の部分を私どもにアウトソーシングしてはいかがでしょう』という提案をしていった。試験室も試験機器も、メンテナンスなどで維持管理費がかかりますし、人材を育てるのも大変です。そこで『今すぐでなくてもいいので、必要なときに使ってください』というスタンスで営業しました」（下平社長）。

折しも1991（平成3）年のIOC（国際オリンピック委員会）総会で、1998年冬季オリンピックの長野での開催が決定し、高速道路や新幹線など、長野県内のインフラ整備がにわかに動き始めた。下平社長が起業当時に予想したとおりの展開だった。

「そのときには県外のゼネコンもたくさん入ってきて、そうした大きな会社とのパイプを築くこともできました。大手とはいえ、すべて自社でやろうとすれば出張経費もかさむので、当社も使ってくれた。日本道路公団（現ＮＥＸＣＯ）には、当社の試験室を試験、分析の立ち合いの場として使ってもらいました。結果的にニーズをうまく捉えたのかもしれませんが、創業の時期やタイミングもよかったと思っています。おかげさまで業績は右肩上がりで、社員も少しずつ増えていきました」と下平社長。

オリンピックは同社ばかりでなく、県内の多くの土木・建設関連業者に利益をもたらした。しかし、オリンピック後になって仕事の減少をどうするのかという新たな問題も発生した。

「ゼネコンはオリンピックが終わってもほかへ行けばたくさん仕事がありますが、県内業者はそうはいかない。県内の大型公共事業は激減することになります。幸い当社はオリンピックにより大手ゼネコンとの仕事の経験もし、外へ営業エリアを拡大する準備はできていました」（下平社長）。

長野県内と同様に「今すぐでなくとも、仕事があるときにぜひ使ってください」と現場に直接アプローチし、現場のニーズに応える現場密着のビジネスモデルを県外にも展開したところ、同社のノウハウが重宝され、徐々に事業エリアを広げていった。「自分に先見の明があったとは思っていない」と下平社長は謙遜するが、自身の生み出したビジネスモデルへの確信を貫いた結果だった。

防災、災害復興事業を下支え

現在、同社の事業の柱のひとつになっているのが、防災関連や災害復興関連のための土質・地質などの調査事業だ。

「国や地方自治体で国土強靭化や減災といった取り組みが進んでいます。『減災』は私たちにとってもキーワードです。例えば、東日本大震災で液状化が大きくクローズアップされました。専門家の間では新潟地震（1964〈昭和39〉年）の頃から注目されていましたが、今では一般の市民も関心をもつようになっています。最近は砂だけでなく、条件が悪ければ礫でも液状化する例がみられます。液状化への意識が高まるに伴って、現在では工事の前に調査や対策を行うよう役所が指示を出したり、第三者による客観的な地盤調査が一般化していますから、仕事としてかかわる部分は拡大しています。また、現在では試験そのものも高度になってきて、試験機器も高価になっています。加えて人材を育てるのも大変ですから、試験の委託は増えています」と下平社長は語る。

地すべりや土石流などの監視・警報システム構築にも力を入れている

同社では、地質調査として、地すべりの現地調査や自動観測システムも手がけている。
災害復旧・復興のプロセスの中で、土質・地質調査は欠かすことができない。同社の業務受注は好調だ。

「2011年の東日本大震災のときは、その年の10月には現地に拠点（東北支店）も構えました。それから5年半ほどたちますが、ずっと忙しい状況です」と下平社長はいう。

2016年4月の熊本地震に際しては、復旧・復興事業に参加するため、6月に福岡に九州支店を設置した。「当初から熊本に置きたかったのですが、地震後の混乱の中で復興のじゃまになってはいけないと思い、まず福岡に置きました。そして、2017年4月には九州支店を移転するかたちで熊本支店を開設しました。これから本格的に復興事業にかかわっていくことになります」（下平社長）。

これまで、四国・中国・九州の西日本地域は同社では受注獲得の未開拓地域だったため、東日本と同じビジネスモデルを西日本へも展開したいと考えていた。それが熊本地震の発生によって、数年先の予定だった九州進出を前倒しすべきと判断しての開設だったという。

同時に、2016年4月には山口県山口市に「西日本試験センター」を開設している。現場により近い場所で試験を行うことで、より迅速に結果をフィードバックできるようにするためだ。

「通常なら福岡や広島などの大都市に置くところですが、福岡では中国・四国が遠くなり、広島では九州が遠くなる。そこで中間の山口に置いたわけです。利便性が高いうえに土地も安いというメリットもあります。これでラボラトリーは長野の中央試験センターに加え、東日本の仙台と西日本の山口に設置したことになります。2014年に仙台につくったのも、東日本大震災の復興にかかわるうえで、少しでも早くデータを現場に返したいという思いがあるからです。また、ラボラトリーが1か所だけでは、何かあった際に試験業務が止まってしまうリスクもあります。3か所としたのはリスクを分散する、ＢＣＰ（事業継続計画）の一環という意味もあります」と下平社長はいう。

上場で知名度がアップし社員の意識も向上

前述のように土木管理総合試験所は東証一部上場企業だ。建設コンサルタント会社の上場は多くない中で、同社の一部上場にはどのような意味があるのだろうか。

「長野オリンピック後に、さらなる成長のために上場を考えました。証券会社やファンドが興味をもってくれたことも大きかったです。建設コンサルタント会社として知名度が上がるのは業務上大きなメリットがあり、地方で東証一部に上場していると関心をもってもらいやすいという意味で、求人にもいい影響があります」と下平社長はいう。

上場への取り組みは、２００８（平成20）年のリーマンショックでいったん仕切り直しとなったが、業績が伸び続けていたことから、数年後には話が再燃し、証券会社のプレゼンテーションを受けた。

「そこから2年間かけて、２０１5年に東京証券取引所市場第二部に上場すると、その日から今度は一部を目指しての取り組みを始め、２０１6年の10月4日に東京証券取引所市場第一部に指定替を果たしました。上場したことで仕事に対してより自信をもつなど社員の意識も変わりました。地元の企業を応援してくださる人も多く、新聞などによく取り上げてもらえるようになり、多くの人に知ってもらう機会が増えたように思います」と下平社長は語る。

特にインターンシップなどへの申し込みが増えるなど、求人への効果は大きい。

「ここ数年は毎年30～40名を採用できているのに加えて、県外の学生が増えています。やはり全国の学生に興味をもってもらいたい。工学や理学の研究を行ってきた学生にとってはマッチする仕事だと思います。学生時代の研究と仕事が合致するような人は県外からIターンで来てくれます。県外から長野へ来た人たちにはここで結婚して家を建てて、地域に根づいていってほしいと思っています。全国から優秀な若い人材を呼び込むことができれば、地域の活性化にもつながります。もう少し文系の学生にも来てほしいと思っています。当社は理系のイメージが強いので文系の学生にはハードルが高く映るのかもしれませんが、営業など文系向きの仕事もありますし、『誰かの役に立ちたい』『社会に貢献したい』という気持ちのある人なら私たちのような仕事はぴったりだと思います」（下平社長）。

さらなる成長へ新たな市場を開拓する

同社の事業の中で、これから特に注目されるのが社会インフラのストック（長寿命化）分野だ。

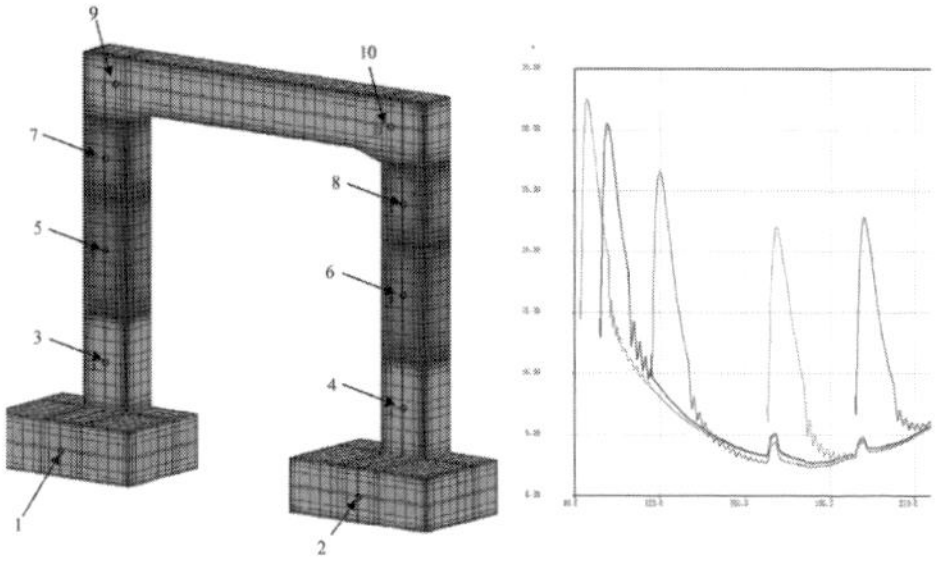

物を壊さずに内部や表面のきず、劣化の状況を調べ出すことができる非破壊試験

かつて高度経済成長期に一斉に整備されたインフラは、今、その多くが更新の時期を迎えている。いったん整備されたインフラが正しく管理、改善、運用されることで、社会は円滑に安全に機能することができる。そのためにも老朽化したインフラを適切に補修、更新していくプロセスがとても重要になる。

「社会インフラの維持管理について、かつては古いものから順番に手をつけていました。しかし、インフラの傷みは実際には順番どおりというわけにはいかない。新しいものでも危険なものはあるわけです。私たちはコンクリート構造物の非破壊試験を手がけてきました。その対象は道路、鉄道、地下鉄、空港、トンネルなどさまざまですが、近年では3Dレーダを併用することで、それぞれの施設の営業を止めないで点検を行い、構造物のダメージを把握することが可能になっています。今後はソフトの部分をさらに強化して、より速く、より高精度な自動解析を実現したい」と下平社長は語る。

同社では、走りながら路面下の空洞や舗装の劣化個所を三次元で把握することができる「ロードスキャンビークル」（時速80キロでの走行が可能な高速移動型3Dレーダ探査車）や、線路上を走りながら線路下の盛土（砕石や砂利を盛り上げた構造物）内部の空洞を発見し、早期対策につなげることが可能な「軌道下空洞探査システム（株式会社レールテックとの共同開発）」など、独自の技術を開発して社会インフラのストック分野を強化している。

今後の営業展開としては、まずは全国をカバーする体制づくりが急務として、北海道や四国などの空白エリアに拠点を整備することに取り組む。

3Dレーダを用いることで、安全・スピーディ・高精度に線路下の空洞を探査する「軌道下空洞探査システム」

「建設コンサルタント業界はほかに比べて寡占化が進んでいません。小さな建設コンサルタントもまだ多く、生き残るためにはどうするのか、というステージに今後なっていきます。こうした状況は私たちにとって事業拡大の好機でもあります。M&Aも使いながらさらに市場を広げていきたい」と下平社長は語る。

同時に、海外市場への展開も下平社長の視野に入っている。

「特に東南アジアは社会インフラがまだこれからという状況もありますし、これまでつくられたものについても劣化の速度が速い。つまり新規事業と更新事業が混在している状況で、どちらもビジネスの対象になるエリアといえます。GDP成長率の高いベトナムに海外初拠点となる駐在所を置く予定で、現地での人材採用も始めています。彼らは将来の責任者となっていく人材です。当社の技術や業務をしっかり教育していきたいと思っています。もちろん東南アジアだけではありません。トランプ大統領が1兆ドルというインフラ整備を発表しているように、アメリカもまた大きくて魅力的な市場だと考えています」と下平社長は語る。

東京本社を開設したことで、長野本社は技術・研究中心、東京本社は営業が中心と機能の分担を目指している。「東京は情報量が違います。地方の工事情報をはじめ海外の情報もたくさん入ってきます。東京本社の設立は当社の成長のスピードをいっそう速める意味があります。東京を営業拠点としてさらに全国の仕事を取っていきたい」と下平社長は全国展開の強化を図る。

「どんなに素晴らしい技術をもっていたとしても、現場のお客様の助けにならなければ意味がありません。私たちは技術力とサービスの両輪でそこに応えていきたい」(下平社長)。先を読んだ事業展開、確かな危機管理、次のステップへの理詰めの準備。同社の成長曲線はまだまだ上がり続けるはずだ。

株式会社土木管理総合試験所

設　立	1985(昭和60)年10月
事業内容	土質・地質調査試験、非破壊調査試験、環境調査試験、地盤補強工事、試験機器販売
資本金	5億7,359万7,500円
従業員数	413名(2017年1月現在)
本社住所	〒388-8006 長野県長野市篠ノ井御幣川877-1
電話番号	026-293-5677
URL	http://www.dksiken.co.jp/

長野都市計画株式会社

【不動産業】

長野のまちづくりに貢献する地元密着の不動産業を展開

長野駅前に建つ13階建てのビル「エーワンシティ」。それは「街なか居住」を実現した記念碑的な再開発ビルである。この開発をプロデュースしたのは、地元の不動産会社・長野都市計画株式会社だ。同社はまちの活性化とにぎわいの創出という地域課題と真正面から取り組む。

①オフィス・商業施設とマンションで構成されるエーワンシティ
②長野駅東口にほど近い長野市栗田にある長野都市計画株式会社
③エーワンシティの分譲マンション「ザ・レジデンス」のエントランス

面目を一新した仏都・長野市の玄関口

年間６００万人余り、7年に1度の御開帳の年には１２００万人以上（２０１５年）の参詣客を集める善光寺。そこから約１・８キロメートル、参道（中央通り）を下ったところにJR長野駅がある。

この善光寺の玄関口ともいえる長野駅（善光寺口の駅ビルおよび駅前広場）が、２０１５年3月、善光寺御開帳と北陸新幹線の金沢延伸に合わせてリニューアルされた。

デザインコンセプトは「歴史・伝統」。駅ビルは、仏都の玄関口にふさわしく大庇《ひさし》と列柱を配し、いずれも木肌を生かしたデザインで、使用した杉の間伐材は建物全体で約1万本に相当するという。12本の列柱にはそれぞれ大型提灯が掲げられ、乗降客を温かく迎える。

長澤一喜社長

駅前に降り立ってみると、大通りをはさんで正面に地上10階建てほどの建物が3棟、軒をそろえるように建っている。ここは「長野駅前A地区」と呼ばれ、市街地再開発事業により面目を一新した区域だ。開発は3地区に分けて進められ、正面の「A－2地区」は１９９７（平成9）年に商業施設やオフィスが入る「ウエストプラザ長野」が、左手の「A－1地区」は２００６（平成18）年にオフィス・商業施設とマンションなどからなる「エーワンシティ」が、右手奥の「A－3地区」

には2010年に商業施設とホテルなどからなる「Nacs 末広」が完成。いずれの建物も、外観は「A－2地区」のウエストプラザ長野の行灯《あんどん》モチーフを連続させて、駅舎と呼応して仏都のイメージを演出している。

このうち「A－1地区」を開発したのが、長野市に所在する不動産会社・長野都市計画株式会社だ。

長野に根を下ろして業績を拡大

長野都市計画株式会社の長澤一喜《かずき》代表取締役社長は、1953（昭和28）年、長野県下水内郡豊田村（現中野市）で生まれた。長野県飯山北高等学校（現長野県飯山高等学校）を卒業後、大学進学を断念し、20歳で就職。1978（昭和53）年に、長野の不動産業界に身を投じた。1981（昭和56）年10月、28歳のときに長野市で長野都市計画株式会社の前身である日南商事有限会社（のちに長野都市計画有限会社）を設立した。

時代は1979年に始まった第二次オイルショックの前後、高度経済成長期は去り、土地神話も過去のものとなっていた。当初は「地域の土地所有者とのつながりを大切にして不動産の仲介売買を中心に行っていました」と長澤社長はいう。1983年1月に長野都市計画有限会社を株式会社に改組して、翌1984年からは、宅地や事業用地の分譲を手がけるなど事業を拡大させていった。

介護事業所に管理室業務を委託することで、将来にわたって入居者をサポートする体制を整えた分譲マンション（エルスト山王）

そして、１９９２（平成４）年、長澤社長38歳のとき、更《こう》埴《しょく》市（現千曲市）雨宮《あめのみや》で「アプリコットシティ雨宮」の分譲を開始。１９９８（平成10）年まで4期に分けて、１２０区画・約1万１０００坪という大規模な宅地分譲を行った。このとき同社が企画運営した、各住宅メーカーと建築会社が一堂に会した総合分譲展示場（展示ののち販売する）「レインボープラザ雨宮」は、長野市周辺では初の試みとして注目を集めた。

１９９６年からは、長野オリンピック（１９９８年）前の住宅・事務所需要に対応するため、賃貸マンションの企画・建設、分譲マンションの建設販売、さらに売建住宅（土地購入後に建物を建てる契約）の販売、あるいは事業用定期借地権を利用した事業契約（第一号契約は１９９８年）を進めるなど、いずれも当地方では先進的な試みを行った。

長野オリンピック後の反動不況が鮮明となる１９９８年以後は、分譲事業や土地売買主体の経営形態からの脱皮を目指すようになった。賃貸企画事業や賃貸管理事業（毎月安定的に売上が確保できる）を２００１（平成13）年から２００３年にかけて確立。例えば、長野駅東口に複合賃貸ビルや賃貸マンションを企画提案し、その管理を行った。

「長野市街でのマンションの建設販売、管理などを手がけ、ノウハウを蓄えてきました。当社がそれまで培ってきたものの集大成がエーワンシティです」と長澤社長は語る。

エーワンシティオープンまでの道のりは、決して平坦なものではなかった。長野都市計画のエーワンシティ・プロジェクトのホームページ（当時の物件情報）には、「Ａ－１地区の計画が、紆余曲折を経てついに実現にいたります」とあえて付記している。

エーワンシティ・プロジェクトの始動

長野駅前に位置し、約０・８ヘクタールを有する三角形の長野駅前Ａ地区は、かつては地方都市によくみられる低層で細分化された店舗・事務所・併用住宅などが混在し、駅前にふさわしい土地利用がまったくなされていない状況だった。

１９６８（昭和43）年に都市計画法が制定されると、１９７４（昭和49）年に長野市最初の再開発事業（長野駅前Ａ地区第一種市街地再開発事業）として都市計画が決定されるが、事業は進捗をみなかった。

１９７４年といえば、前年に第一次オイルショックが起こり、日本の高度経済成長が終わりを告げた画期だった。その後、不動産業や建設業も冬の時代を迎え、とりわけ地方都市での大きな開発事業は縮小や凍結を余儀なくされる時期が長く続いた。

その再開発事業が大きく動き出すのは、冬季オリンピックの長野市開催が決定した1991（平成3）年だった。

1998（平成10）年2月のオリンピック開催に向け、長野市とその周辺では、競技場・高速道路・新幹線の建設、都市基盤整備など大型工事が目白押しとなった。

1994（平成6）年6月、長野駅は、それまでの仏閣型の駅舎に代わって、かまぼこ型の橋上駅（前駅舎）が誕生。1997年10月には長野新幹線（北陸新幹線の長野―東京間）が開通する。

1995年に、長野駅前A地区は、まず事業可能なA－2地区をオリンピック開催都市の玄関口にふさわしく整備しようということになった。これが、1997年12月にオープンしたウエストプラザ長野だ。

しかし、長野オリンピックの閉幕とともに、長野市は反動不況に見舞われ、とりわけ中心市街地では大型店の撤退が相次いだ。2002（平成14）年頃からいわゆる「いざなみ景気」が進行するが、この地方都市にはその実感はなかった。2003年頃から、外資系企業も加わって大都市圏では不動産バブルが始まるが、長野市ではその影響は微々たるものだった。こうした逆境の中で、あえてエーワンシティ・プロジェクトは始動したのである。

再開発事業では、その区域にかかわる権利者の調整と合意形成が重要かつ困難な作業となる。A

－1地区は約0・2ヘクタール。店舗併用住宅が2棟、店舗が1棟あり、いずれも非耐火造。権利者は土地所有者が5人で、借地権者や借家権者はなく、権利関係は比較的単純だった。しかも、その土地所有者の1人は長澤社長。1991年のバブル崩壊後、地価が下落したA－1地区に多くの土地を取得していたのだ。地権者のうち2人は転出、3人が残留。地権者が5人未満の場合は再開発組合を設立する必要がないので長澤社長が再開発事業の施行者になった。そのため意思決定も早く、事業はスムーズに進行した。

「A地区の再開発は30年近くできなかった。大手の建設会社でも手を出さなかった。土地をまとめるのが大変だったからです。うちがA－1地区の再開発を手がけるために、土地を手放す人がいれば買いました。県外のディベロッパーにはやらせたくなかった。それでも再開発開始まで10年近くかかりました」と長澤社長はいう。地域の将来を思い描いて、長い時間をかけて準備を進めていたのだ。

長野都市計画は再開発に向けて、「アーバンルネサンス」を掲げ、「駅前立地の高度利用」と「新・都心ライフの創出」を目標に「エーワンシティ・プロジェクト」を進めていった。

「街なか居住」を実現したエーワンシティ

長野駅前A－1地区再開発事業の認可が下りたのが2004（平成16）年3月、エーワンシティの建設工事着手が同年8月、オープンは2006年2月。エーワンシティは敷地面積1500平方メートル、建築面積1144平方メートル（建ぺい率76％）、延床面積1万1778平方メートル（容積率572％、容積率対象面積8400平方メートル）、鉄骨鉄筋コンクリート造、地上13階・地下1階、高さは46・45メートルである。

1階から5階までが店舗や業務用の施設「ジ・アゴラ」で、6階から13階までが住宅（分譲マンション「ザ・レジデンス」）だ。中心市街地を活性化するため、商業施設やオフィスにとどめず、人が暮らすまちにしようという発想は、いわゆる「街なか居住」の実現に寄与したものと高く評価されて、2007年に社団法人全国市街地再開発協会から良好な市街地の形成・都市の繁栄に寄与したと表彰を受けている。

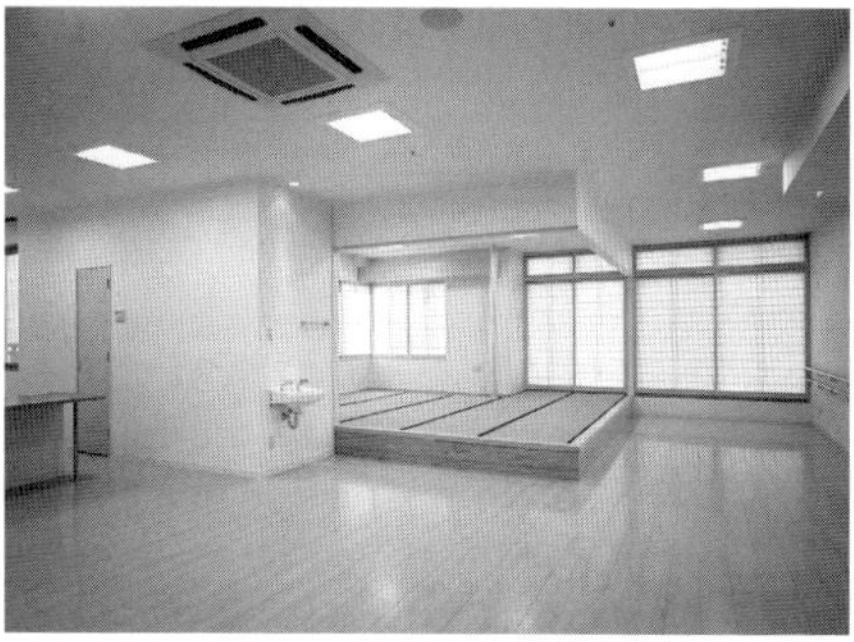
ジ・アゴラの5階に設けられた宅幼老所スペース

それまで2戸だったA－1地区の住宅は、この開発により58戸となった。「ザ・レジデンス」の58戸は、三井不動産販売との提携による分譲を行い、異例の早さで完売した。ちなみに、築後10年を経過した現在でも当時の販売価格で売却できるなど、人気は健在だ。

エーワンシティには、「ジ・アゴラ」内に脳神経外科病院、整体院や高齢者介護施設も誘致する

穴吹工務店との事業提携による分譲マンション「サーパス栗田中央」

など、中心市街地に求められるさまざまな機能が盛り込まれた。もちろん駐車場（タワーパーキング120台）や駐輪場、トランクルーム（物置）を備え、歩行者空間や公開空地も十分設けられている。

地域のニーズをつかみ経営多角化

「街なかの居住促進というが、マンションだけではだめです。使い勝手のいい店があり介護サービスが受けられやすい場所だとか、生活するのに必要なものと一体でないとまちの再生は難しい。マンションを建てる土地をまとめるのも簡単ではない。できるのは不動産業者だけです。不動産業者は土地をまとめ、更地にしてマンションディベロッパーに売る。うちは更地にしてから、ディベロッパーに売らずに、ディベロッパーと一緒にマンションをつくって販売するところまでやっています。そこまでいくのに2、3年はかかります。まちづくりは長い目でみていかないとうまくいきません」と長澤社長は語る。

２０１１年以降、長野都市計画では、建設会社・株式会社穴吹工務店と事業提携を行い共同事業方式で、分譲マンションを手がけている。「地元で売る以上、信用を落とすようなことはできない。マンションの品質には自信があります。建物にはお金をかけています」と長澤社長。

ここ数年、長野市でも中高層のマンション建設が目立ち始めているが、それらの多くは、開発のテーマやデザインコンセプトを明確に打ち出し、何よりも地区に応じた「住まい方」を提案している点が特徴だ。その立役者の１人が長澤社長であることはいうまでもない。

長野都市計画では、２０１２年から、賃貸住宅の運営を考慮して新築物件だけではなく、中古物件のリフォーム・借り上げや中古アパート・中古マンションなどの買い取りを積極的に進めている。

２０１７年1月時点で同社はアパート、マンションの部屋を１００戸強、テナントとしてエーワンシティ「ジ・アゴラ」の20区画を所有し、その他と合わせて月額約２０００万円の賃貸収入があるという。経営の大きな柱のひとつとなっている。

また、少子高齢化に伴う介護の問題にも長澤社長はいち早く取り組んでいる。２０００（平成12）年には不動産フェアで、介護やファイナンシャルプランなどの講演を行っている。同年にはデイサービスセンターやグループホーム、宅老所などを運営・管理する「有限会社ふるさと」の設立に関与（長澤氏は取締役）。現在は、サービス付き高齢者向け住宅（「サ高住」）の建設・運営企画を立案・推進中だ。

長野市の今後のまちづくり

「長野市は人口が少なく、新幹線が止まるといってもまちの底力が足りない。これくらいの市場規模では大手ディベロッパーはこない。大手が進出している大都市とは違う。現在マンションは結構売れていますが、適度な供給にしていかないと売れなくなってしまいます」と長澤社長は冷静に市場を分析している。

長野市には20階建てのマンションはない。高さ45メートル（13～15階建て）を超えると建築規制が厳しくなり、建築にかかる費用も大きくなる。

「市場規模に対応しているという意味でも長野は12～15階くらいでそろっていっていいじゃないですか」と長澤社長はいう。

「商業ビルなども実力に合わない大きいビルをつくると、人が集まらなくてテナントも撤退します。一度空くと代わりのテナントもなかなか入らない」と、長澤社長は地域の実情や課題をみつめ、身の丈にあった開発を考えている。

長野市でも人口減少に伴い「空き家」問題が起きている。その対策のひとつとして善光寺周辺のリノベーションが行われている。「若い人たちが店をやったり、東京から会社を誘致したりしています。これは文化ソフトとして大事です」と長澤社長は評価する。

２０１６年5月、長澤社長は、一般社団法人長野県宅地建物取引業協会の会長に選任された。同協会は、1967（昭和42）年設立、県下に6支部を置き、143 7社（2014年4月1日現在）の会員を擁する大きな組織だ。同協会は、すでに2015年8月に県・市町村と連携協力して「楽園信州空き家バンク」を設置している。長澤社長は協会長として空き家対策にも取り組んでいる。

常にまちの課題に目を向け、将来を展望してきた長澤社長である。今、長澤社長は会社の代替わりについて考えているという。「私も63歳になりました。A－1地区のような再開発を手がけるのはもう難しい。再開発は10年近くかかるのです。若い人の出番かな」という。

市街地再開発に限らず、宅地開発でもマンション建設でも、計画から実現まで長い時間を要する。その長期間の中で社会・経済の変化、不動産に対するニーズの変化を汲みつつ、誠実に取り組み、信頼を勝ち得、合意を形成していく。もちろん長年培った企画力を存分に発揮して。この力量こそ、長澤社長の真骨頂だ。今後の長野市のまちづくりにおいてその手腕が大いに期待される。

長野都市計画株式会社

創　業	1981（昭和56）年10月
事業内容	宅地開発・マンション・市街地再開発事業、不動産仲介・賃貸事業
資本金	1,000万円
従業員数	10名
本社住所	〒380-0921 長野県長野市栗田395番地
電話番号	026-226-5255
URL	http://www.toshikeikaku.co.jp/

夏目光学株式会社

【製造業】

高いレンズ加工技術が「世界品質」の特殊形状レンズを生み出す

豊かで快適な暮らしを実現する各種技術にとって「レンズ」が果たす役割は大きい。長野県飯田市で創業70年を数える夏目光学株式会社のレンズは、半導体製造装置、医療機器、OA/FA機器、航空・宇宙開発関連まで幅広い分野で利用され、「技術立国・日本」を支え続けている。

①世界品質の特殊形状レンズを生み出し続けている夏目光学株式会社
②さまざまな形状のメカトロレンズ
③同社がつくるレンズのうち高い収益力をもたらすシリンドリカルレンズ

メッキ加工からレンズ加工へ進出

長野県飯田市鼎《かなえ》に本社を構える夏目光学株式会社は、私たちの暮らしのみならず、世界の技術産業に多大な貢献をもたらし続けているレンズメーカーだ。２００８（平成20）年には経済産業省中小企業庁が取りまとめる「元気なモノ作り中小企業３００社」に選定され、２０１６年には「ものづくり大賞ＮＡＧＡＮＯ２０１６」で大賞を受賞するなど、名実ともに長野を代表する企業である。

夏目佳春社長

太平洋戦争終戦の１９４５（昭和20）年、１人の元海軍大尉が伊那谷に降り立った。夏目光学の創始者、夏目哲三氏である。ふるさとの長野県喬木《たかぎ》村に復員した哲三氏は１９４７年26歳のときにメッキ加工の飯田製作所を設立。メッキ加工を中心に、一家を支えるため家屋の塗装から農機具の修理まで、舞い込むどんな仕事も引き受けた。そんな中、オリンパス光学から中古のレンズ研磨機を手に入れたことで、同社はレンズ加工業へと舵を切ることになる。もともと哲三氏は海軍時代、技術将校として潜水艦の潜望鏡や砲台鏡などでレンズに接し、その加工技術も習得していた。

折しも日本は１９５０（昭和25）年から始まった朝鮮特需の真っただ中。顕微鏡や双眼鏡などに使用されるレンズの引き合いは多かった。また、哲三氏のレンズ加工の研究開発の成果もあって量産も可能となり、同社の仕事は順調に軌道に乗っていく。しかし、1954年4月、工場は火災で全焼。光学協同組合のレンズを大量に預かり洗浄していた飯田製作所に残されたのは、多額の負債だけだった。

火災の翌年、哲三氏は新工場を建設。1956（昭和31）年には社名を夏目光学工業所へと改称し、飯田市鼎の現在地に工場を移転、再出発を果たす。哲三氏はレンズ加工の主力をそれまでの顕微鏡用から双眼鏡用に特化し、心血を注いでレンズ加工機械の開発に取り組んだ。レンズの生産工程では、原料となるガラスや樹脂を削り出し研磨、洗浄する。それらの工程を自動化し、生産性と精度を飛躍的に高める機械だ。

連鎖倒産の危機を救った「仲間」

完成した機械はレンズ業界を変えた。生産性も製品精度も圧倒的。高度経済成長時代を迎えた日本の市場で、夏目光学の双眼鏡レンズは売れに売れた。1960年代前半には主力の双眼鏡レンズの国内シェアは60％あるいは80％にも及んでいたとの説もある。未来は順風満帆のはずだった。しかし皮肉にも、レンズ加工の常識を覆した哲三氏の機械は、大量生産を可能にした高性能さゆえに同社の倒産の危機の一因となった。

1967（昭和42）年、同社の主要取引先が相次いで倒産し、同社は売上高6か月分以上の負債を抱えることとなった。実は、１９６０年代の初め、市場全体の供給過剰から国がレンズ業界に対し生産調整の指導を始めたときその予兆はあったのだ。しかし、夏目光学のレンズは引き合いが多くつくれば売れる状態。お客様が求めるものを全身全霊込めてつくり届けることがものづくりに携わる者の使命だと考え、生産割当分を超える数量の出荷を続けた末の崩壊の危機だった。

窮地を救ったのは仲間だった。飯田精密機械工業会の当時の会長近松友二氏の「夏目の技術を潰すな」の呼びかけに10名の会員が集い、負債の保証人になってくれた。全身全霊を注ぎものづくりに邁進し続ける哲三氏は、製品や工作機械のみならず、いつしか刎頸の交わりも育んでいたのだ。

残った社員もまた、夏目の技術を潰すなと寝る間も惜しんで働いた。どんな苦境に立たされても決して泣き言を漏らさず、常に明るい未来を信じて突き進む哲三氏の姿勢が彼らを励ました。負債は2年半で完済。その原動力に、単なる雇用関係を超えたある種の仲間、同志的な絆があったことは想像するに難くない。

双眼鏡レンズシェア60％を実現した双眼鏡レンズ研磨量産設備

現在の夏目光学の礎となった「先見の明」

哲三氏は、苦い経験を生かし、双眼鏡一辺倒の少品種大量生産から多品種少量生産へと経営を切り替えた。独自販売ルートを立ち上げるため１９６７（昭和42）年10月には東京営業所を設立し、業界の情報収集を行った。製品と販売地域も多角化し、東京の双眼鏡市場、中部地域の顕微鏡市場、関西地域のセンサ市場を狙うこととした。

１９７０年代、機械工学（メカニクス）と電子工学（エレクトロニクス）を合わせた「メカトロニクス」という技術分野が注目されていた。レンズ業界でもメカトロニクス分野が意識されていた。センサなどを手がける機械系メーカーからの発注は、これまでの光学の常識を超えるものだった。哲三氏と社員は、会社を挙げて何とか要求を実現しようと研究開発に心血を注いだ。試行錯誤の末、かまぼこ型のレンズ（シリンドリカルレンズ）の製造に成功。その後、極小の球形（ボールレンズ）、穴開き（トンネルレンズ）、台形や菱形（プリズム）、円錐形（コーンレンズ）、棒状など多彩な形状のレンズを次々と手がけていった。これらの特殊形状レンズのほとんどは物をみるためのものではない。光を集めたり、拡散、屈折、分光したりするためのものだ。

哲三氏には確信があった。夏目光学にしかつくれないレンズを生み出してこそ、未来が切り開けるのだと。さまざまな特殊形状のレンズラインナップをメカトロレンズと命名。１９８０（昭和55）年に東京千代田区の科学技術館で開催された「80センサ技術展（のちのオプトロニクス

創業社長の夏目哲三氏

ショー、現在のレンズ設計・製造展）」でお披露目し、信州・飯田におもしろいレンズメーカーがあるぞ、と全国にその名をとどろかせたのである。１９８５（昭和60）年には、社名を夏目光学株式会社と改称した。

現在これらの特殊形状レンズは、１９８９（平成元）年メカトロレンズから「Ｍｆレンズ（エムエフ・レンズ）」と名称変更され、主力製品として製造されている。その種類は年間数千点以上に及ぶという。なお、２０１１年に「MfLens」は商標登録された。

「Ｍは多様化への対応を示す『マルチ』を、ｆはわが社ならではの特異な形状『フォーム』と機能『ファンクション』、貢献分野『フィールド』を表しています。さらにｆには未来『フューチャー』やすべての人類の幸福『フォーチュン』の思いも込められています。夏目光学の夢と自信を二文字で表現しているわけですが、製品の多くは創業者時代の発想を磨き上げてきたものです」と夏目佳春代表取締役社長は語る。

なかでも収益の大きな柱となっているのが、シリンドリカルレンズとボールレンズだ。シリンドリカルレンズは、半導体製造装置、レーザー加工機、シネマスコープなど多彩な分野で利用される。また、同レンズをさらに進化させ、１枚の板のように多数のシリンドリカルレンズを並べた「フライアイレンズ」は、半導体製造やレーザー技術のキーパーツとなっている。

ボールレンズは極めて高い真球度をもつ球形のレンズで、焦点距離の短さが特徴だ。針の先に乗るほど小さなものもあり、光通信モジュール、光ケーブル、各種センサ、車載用機器、深紫外線LEDの集光などに使用される。医療分野では、レーザーメス、内視鏡に使われている。

これらの例から一般消費者とは直接関係がない産業専用のレンズと思われるかもしれないが、実はCDなど光ディスクの光ピックアップやレーザープリンターなど、私たちの身近にある製品群にも同社のレンズは幅広く採用されている。ちなみに、CDプレーヤーが発売された1982（昭和57）年、国内で高精度のシリンドリカルレンズを製造できるメーカーは夏目光学のほかになく、CD製品を扱うメーカーは鼎の本社に殺到。「鼎参り」と呼ばれたのだという。何社からも引き合いがあったが、とても全部には納入できないと判断し、最初に引き合いがあった企業へ納品したという。同企業はその後CDプレーヤーで業界を主導した。

哲三氏の先見の明がいかに正しかったか、時代に先がけた研究開発がいかに企業の未来を変えるのかを如実に表すエピソードだ。

独自の視点をもつ人を育てる企業風土

2009（平成21）年に四代目社長に就任した夏目佳春氏が入社したのは、哲三氏がメカトロレンズの開発に心血を注いでいた1980（昭和55）年。哲三氏の弟夏目勇三氏（のちに二代目社長に就任）の長男として工場の敷地内にある住宅で生まれた同氏は、幼少時よりレンズ加工の現場をみて育ち、休日には作業を手伝うという、文字どおり門前の小僧であった。だが夏目光学に入社する気はまったくなく、長野県阿南《あなん》高校を卒業後上京し、調理師学校で学んだのち有楽町のレストランで働き始める。ところがある日、新宿駅から乗り込んだ電車の車内で、父と哲三氏にバッタリ遭遇。戻ってこいとの誘いで、飯田に舞い戻った佳春氏だったが、たちまち後悔した。来る日も来る日も同じ作業の繰り返しで、担当したレンズ磨きの作業は完成までの所用時間がとにかく長い。佳春氏にとっては、一日が一年に感じられるほど苦痛だったという。

また、もうひとつ佳春氏を悩ませたのは、カリスマ哲三氏があまりにも偉大だったことだ。振動で工作機械がずれた程度のトラブルでも、哲三氏にお伺いを立てなければもとに戻せない。疑問をもった佳春氏は、少しでも効率を高めさらに高精度にと、哲三氏の許可を得ないまま社内の改善を始めた。ときに失敗し哲三氏と衝突はするものの、成功したときの喜びは大きく、仕事へのモチベーションはどんどん高まっていった。

「今になって考えれば、哲三氏はわざと自分を押さえつけていたのかもしれない」と夏目社長は述懐する。唯唯諾諾と指示に従うのではなく、「なにくそ。俺ならもっとうまくやってやる！」ともがくうち、「お前がそう言うならやってみろ」と仕事を任せてくれるようになったからだ。さらに「やってみろ」と一度認めたならば時間も予算もしっかりつけて、全幅の信頼を置く。佳春氏をはじめ過去の取締役は、そうして殻を破って実力をつけた人ばかりだという。

哲三氏は、世の中にないもの、未来を見通す視点は天才的だった。常に何かを考え、アンテナが研ぎ澄まされていた。その鋭いアンテナは周囲の従業員にも共振をもたらす。

夏目光学を支えてきた人材について、「不思議なもので、会社が売上急落の難局に遭遇したとき、誰か1人が現れて新技術開発や海外販売のルート開拓を行い、逆境をはね返してきました。会社の中では変わった奴だなと思われていても、だからこそ新しい何かを生み出せる時代の先を見通すアンテナが働く人です。創業以来当社には、独自の視点をもつ1人に、予算や時間をたっぷり与え、ほかのことは一切やらなくていいからとことんやれと任せる企業風土が根づいています。これから先もそういう『1人』が生まれてくるに違いない。私はそう信じています」と夏目社長は語る。

「単なるはみだし者なのか、それとも現状を打破できる人なのか、そこには明確な差がある」と夏目社長は強調する。未来を開くべき人には必ず、その意気に呼応した仲間ができる。創業者を多くの仲間が支えたように。

研究環境への投資が未来を、人を育む

1990年代、時代は急激に変わり始めていた。最新の機械とコンピュータを連携させたNC工作機械が登場し、機械や職人の勘に頼っていたレンズの加工水準が飛躍的に高まった。夏目光学は

大学研究室を凌駕する環境と設備を実現したテクノロジーセンター

多方面にわたる刷新が求められた。品質レベルを向上させるため、最新の機器を導入した。

組織力を高めるため、ISOの導入に三代目社長宮下忠久氏(現会長)と現取締役専務・本田英則氏が中心となって取り組んだ。しかし、導入は決してたやすいものではなかった。身体に叩き込んだ職人の技を文書化・平準化するといっても、古くからの職人からは反発を浴びるばかりだ。しかし10年先を考えたらやるしかないとの強い思いで導入にこぎつけた。夏目光学は、1999(平成11)年にISO9002、2002(平成14)年にISO14001、2003年にISO9001の認証を取得し、品質マネジメントも環境対策も業界をリードする存在となっている。

2005(平成17)年には、かねてから計画されていたテクノロジーセンターが竣工する。未来を見据えた、世界でも稀なほどの環境と設備を整えた先端研究施設だ。本社工場では対応できない、超精密、異形状、微細形状、半導体リソグラフィ用などの光学レンズの製造のための技術開発拠点である。

半導体製造に代表される最新の製造設計技術で使用されるレン

ズには、従来では考えられないほどの精度が求められる。深紫外線やX線など短波長の光を扱うとなれば、ナノメートルオーダーの歪みはまさに致命的だ。近所の道路を車が走っただけ、室内温度が0・1度変化しただけで実験が失敗する。テクノロジーセンターは、大学の研究施設よりも優れた環境と設備を実現することが目標だった。当初は社内でも、そんな高性能で高価な施設が必要なのかと異論も出た。しかし、夏目光学のレンズがなければ製品も業界も市場も成長できないというようなキーパーツを生み出そうとする同社にとっては、ぜひとも必要なものだった。

もちろん、環境を整えたからといって成果がやすやすと得られるほど研究開発の世界は甘くない。施設稼動から数年間は試行錯誤の繰り返しだったという。

「テクノロジーセンターの重要性と価値を理解することによって研究に打ち込む従業員の意識が飛躍的に高められた。これは本当に大きな成果だと思います。環境が人を育み、意識が芽生える。先見の明をもってこの環境を整えていただき、成果が実にならない間も研究を続けさせてくれたからこそ、現在の、これからの夏目に貢献できるのだと感謝しています。未来のアイデアや知恵、探究心は、予算や時間だけがあっても生み出せないことですから」と同施設で研究に携わる取締役常務・橋爪寛和センター長は語る。

テクノロジーセンター長の橋爪寛和氏

ここでしかつくれない超精密レンズはすでに製品としての製造も始まっている。テクノロジーセンターの存在が現在の夏目光学を際立たせているのだ。

「研究開発に目先の利益は押しつけない。そんな計算をしていたら会社は衰退する。世の中にとってなくてはならないレンズをつくることに満足することなく、これからはオリジナリティを備え、ニッチな分野でもいいから完成品を世に問いたい」と夏目社長は語る。

夏目社長は、会社の未来を築くために、別の視点からのアプローチも模索している。「何か人と変わったことをやる人や未来の研究に携わる人も必要だ。しかし、従業員には一人ひとり個性があり、内気で控えめな人だから仕事ができないわけではないはずです。仕事や人生を楽しみ、もてる力を発揮できる場は必ずある。テクノロジーセンターによって研究開発部門の力を引き出せたのと同じく、すべての従業員の力を存分に引き出せる環境を整える。今、私はそれをやろうとしています」と夏目社長はいう。

やる気があればどんな人にもチャンスが与えられる。創業者から連綿と続く夏目光学の社風は、いささかの衰えも見せていない。

夏目光学株式会社

創　　業　1947（昭和22）年４月
事業内容　エムエフ・レンズ製造および販売（光学硝子、各種結晶体研磨加工）、各種画像処理装置の開発・設計・販売
資 本 金　6,000万円
従業員数　230名（2017年３月現在）
本社住所　〒395-0808
長野県飯田市鼎上茶屋3461
電話番号　0265-22-2435（代表）
Ｕ Ｒ Ｌ　http://www.mflens.co.jp/

北信商建株式会社

【建設業】

さらなる暖かな家づくりを求め続け、ハウス・オブ・ザ・イヤー・イン・エナジー2016大賞受賞

信州の厳しい冬を快適に過ごす家づくり一筋40年。床下に置いたエアコンひとつで全館暖房（冷房）を可能にするユニークな「FB工法」という自信の商品力を軸に、個々の力が生きる働きがいのある労働環境と時代を読んだ経営方法で業績を伸ばしている。

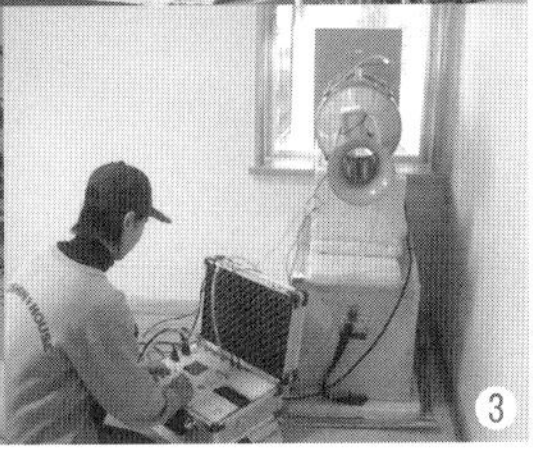

①ハウス・オブ・ザ・イヤー・イン・エナジー2016大賞に輝く「グリーンシードハウス」の展示場は雇用形態の新しさでも注目
②ホクシンハウスが誇るオリジナル工法「FB工法」の暖かい家
③施工するすべての住宅で気密性能などを測定し、断熱性能などの報告書を施主に提出している

社名に込めた創業の思い

22歳で二級建築士という資格と技術だけで独立。23歳で会社を設立したのは1978（昭和53）年。そのとき代表取締役社長の相澤英晴氏は、会社経営に対する覚悟を込めて社名を「北信商建」と名づけた。商売、すなわち経営の「商」と、建築技術の「建」の両立である。建築士として独立するきっかけは、勤めていた会社の事業縮小によるもの。1979年に第二次オイルショックが始まり、相澤社長の勤めていた会社を含め、かかわりのあった会社のいくつかは倒産してしまった。

独立後間もなく、倒産の怖さを実感することになった相澤社長だったが、北信商建株式会社は「ホクシンハウス」の名で地域に親しまれながら年々業績を伸ばし、今では着工件数年間約200棟、年商55億、従業員約100人の長野県トップレベルの建築会社となっている。

相澤英晴社長

ホクシンハウスのスローガンは「暖かな家づくり」である。真冬日が少なくなく、家の中での急激な温度差が引き金となるヒートショックで倒れる人も出る信州。中山間地で生まれ育った相澤社長にとっても、暖かい家は幸福の象徴だ。足下から天井まで家中が均一に暖かく、暖房機器から生じる不快な空気の流れも音もなし。しかも24時間全室暖めても暖房費が気にならない。時代に合わせて進化し続けるホクシンハウスの家だが、原点は独自開発の「FB工法」にある。

結露の反省が生んだFB工法

50万円を元手に起業した当初は、目の前の仕事をきちんとやり遂げるのに必死だった。少し軌道に乗り始めた1985（昭和60）年頃、相澤社長は最初の冬を迎えていた施主から「台所の壁の結露がひどい。何とかならないか」との相談を受ける。まだ経験の浅い自分を信用して発注してくれた大切な顧客の1人だ。入念なプランニングから完成までの精一杯の仕事ぶりを評価してくれた人だった。何とか解決したかったが、工事が完成した今となっては取り返しがつかないものだった。

申し訳なさでいっぱいになった相澤社長は、さまざまな高気密高断熱住宅の先進地・北海道をはじめ、北米、北欧と飛び回りながら勉強した。世界の先進地では、結露のしない暖かな家づくりはもちろん、家中がいつでも暖かく、日本のように必要なときに必要な部屋だけ暖める家とは大きくかけ離れているものだった。こういう家づくりを求め、断熱材を切れ間なく入れるための試行錯誤が始まった。内《うち》断熱工法を経て外《そと》断熱工法に取り組む。外断熱工法は壁の中を通すコンセントや配管の影響を受けないのでいいかと思ったが、壁と屋根の取り合い部分の気密施工に難点があることが気になった。そこで考えたのが、屋根を支える桁《けた》の上に断熱材を張る方法だ。板状の断熱材を二重に敷き詰め、合板で固定することで水平強度が増す利点もある。今では外断熱工法のひとつとして普及しているこの桁上断熱は、相澤社長の創意工夫から始まったものだ。１９８８（昭和63）年、「ＦＢ（フラット・ボード）工法」と名づけ、断熱材メーカーとの共同で実用新案を取得した。ホクシンハウスの家は気密性が一気に高まり、換気、暖房が容易にできる建物となって、結露も一気に解消した。

ＦＢ工法により、それまで部屋ごとに置かなければならなかったストーブが、１台で家中を暖められるようになった。吹き抜けやドア下のスリットを通じて家中が暖まるほど気密性が高まったからだ。大きな進歩だったが、新たな問題に気づく。暖気が回るため気流による不快感があり、空気の流れによって音も伝わってしまうのだ。さらには、「床下、壁の中、天井裏の空気を循環させる工法」のフランチャイズ会員となり試したが、納得できる結果は得られなかった。ちょうどそんなとき「地下室をつくってほしい」という施主と出会う。

相澤社長は、この言葉でひらめいた。地下、つまり床下に暖房機を置き、その熱を床下、壁の中、天井裏に自然循環させることで理想的な温熱環境ができるのではないかと考えた。冬場の工事のため、基礎のコンクリートが冷え切っていた１年目は失敗だったが、春から夏にかけて熱を蓄え

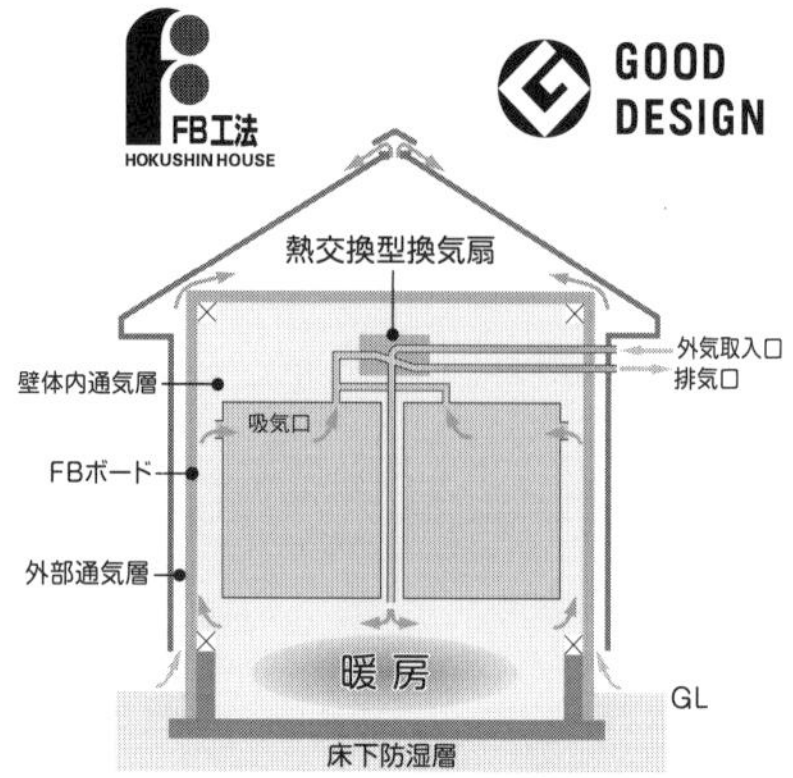

FB（フレッシュ・ベーシック）工法模式図

た2年目に成功。FB工法の名称は同じながらその内容は一段と進化して「FB（フレッシュ・ベーシック）工法」と再命名した。

一般的な、直接外気を取りこむ換気システムとは異なる、熱交換型同時換気システムを採用。捨てる空気と入れる空気の温度と湿度をコントロールできるので、外の冷気もほこりも騒音も入らない新鮮な空気が家中を満たす。これが「フレッシュ」の意味だ。「ベーシック」は、断熱・気密・換気・暖房（冷房）という家の基本性能を高度に満たすことを意味している。

こうして1991（平成3）年、床下の暖房機ひとつで家中を暖め、しかも四方からの輻射熱なので家中どこでも室温がほぼ同じという、シンプルながら画期的なFB工法の全館暖房の家が誕生した。完成時の床下にFF（強制排気式）ストーブ（現在では市販の壁掛けエアコン）を設置することで実現した。暖房機の設置、修理、交換がいたって容易であり、エアコンを冷房にすれば全館冷房も可能だ。壁の中や床下の空気が循環するので構造体の乾燥を保ち、家の寿命を伸ばすメリットも大きい。なお、FB工法は1992年から代理店制度を取り、全国に広まっている。

全国初の「無暖房住宅」を建築

新たなFB工法の気密性能は、一般住宅の約10倍。1996（平成8）年には一般財団法人建築環境・省エネルギー機構による国内最高ランクの気密住宅認定を全国で初めて取得した。また、この性能に太陽熱利用を加えた「FBS工法」の家は、1992・1994年度に同機構から「省エネルギー住宅賞」を連続受賞している。さらにFB工法は、そのシステム全体が評価され、公益財団法人日本デザイン振興会の「2014年度グッドデザイン賞」を受賞した。

建物本体の性能を究極まで高めることで、機械に頼った暖房なしの家も可能ではないか。北欧では、超高断熱・高気密にし、生活熱と太陽熱だけで暮らせる無暖房住宅が実用化されていることを知った相澤社長は、早速、日本での実用化に向けて取り組んだ。

計算上、40センチの壁の厚みで実現できることがわかると、実用化に向けた実証のため、実物大の実験棟を長野市内に建築する。無暖房住宅について研究していた信州大学工学部の山下恭弘教授（当時）に計測を依頼し、良好な結果を得たことで、全国初の無暖房住宅は新聞やテレビでも報道され、日本中で大きな話題となった。2006（平成18）年、環境負荷を考慮し、断熱材に新聞紙リサイクルのセルロース・ファイバーを利用し、ソーラーパネルとの併用で「FBソーラー無暖房住宅」として商品化する。さらに、壁の厚みは従来と同等ながら断熱性能で国の基準の2倍という「FBスーパー」を開発し、2007年に発表した。

第一線の営業マンでいることで時代を察知

ホクシンハウスは創業以来高い技術力、商品力を培ってきているが、成長の理由はそれだけではない。

「『商品力』。働く人それぞれの『個の力』。そして、常に変わる時代の流れを的確につかむ『経営力』。この3つがあれば会社は自然に伸びる」が、相澤社長の持論だ。

社員100人を超える企業に成長した今でも、相澤社長は現役の営業マンの1人として活躍している。「お客さんの希望なら何でも叶えたくなる」「家のプランを考えるのが大好き」という根っからの営業マンだ。これが「時代の流れをつかむ経営」を支えているのだ。直接顧客と話すことで、家に対する考えはもちろん、経済状況など世の中の変化、流れを察知することができる。そして「一生に一度の家づくりに真剣に取り組むお客様からは、ライバル企業の情報もつぶさに教えてもらえる」と相澤社長はいう。オンリーワンの商品力、オンリーワンの経営スタイルが、まさに同社の推進力となっている。

住んでみてこその課題を顧客から直接聞き、改善することで、技術力を向上させてきた。そして、ホクシンハウスならではの工法と家づくりへの情熱に満足した顧客が、その良さを伝えるかたちで発展してきた。

あえて住んだ後の住み心地を多くの人に語りたいと、お住まい見学会での説明を自らかって出る施主もいる

「そうして、前年を上回る経営が自然にできたら最高です。『商品力・個の力・経営力』が正しければ、おのずと人が集まり、売上、利益が前年を上回る。売上や利益の計画を立てることも大切ですが、これが私の理想の経営です」と相澤社長は語る。

働く人が個々の力を最大限に発揮できる職場環境づくりも、相澤社長の経営方針の重要な柱である。例えば女性社員の場合、1年間の育児休暇後に職場復帰したとき、まだフルタイムで働くのが難しいならパート勤務にして、状況と能力に応じてフルタイムに復帰するというような柔軟な働き方ができるようにしている。また、建築職人がいかに生き生きと働ける職場であるかを示す次のようなエピソードがある。

ある施主は、モデルハウスの見学ではなく、各社の建築現場を直接見学して回った。その結果、ホクシンハウスの職人が最も楽しそうに働いているのを知り、発注したという。そして、その完成した家の玄関には、家づくりに携わった職人たち全員のサインが入った色紙が掲げられているそうだ。

女性学研究家でテレビでも活躍している田嶋陽子氏の家を軽井沢に建てたとき、田嶋氏は、「今まで何軒も家づくりをしてきたが、現場から職人さんたちの笑い声が聞こえてくるのは初めて」と語っている。そのとき田嶋氏は、今度の家づくりはきっと成功すると直感したそうだ。

相澤社長は、家づくりを通じて温かな人間関係が深まる体験を積みながら、心の込もった家づくりの大切さを実践している。

ハウス・オブ・ザ・イヤー・イン・エナジー2016大賞に輝く「グリーンシードハウス」

２００８（平成20）年、ホクシンハウスは、それまで培った技術と信用をもとに時代の流れを取り入れた企画型住宅「グリーンシードハウス」という新ブランドを発売した。

環境や省エネへの関心がますます高まり、コストにも敏感なニーズにも対応できるよう、わかりやすい建築費用とともに、快適に暮らすためのランニングコストを表示した企画商品が、この「グリーンシードハウス」である。グリーンには、緑を大事に育てる丁寧な家づくりのイメージを込め、シード（seed）は、ストロング、エコロジー、エコノミー、デザインの英語の頭文字をそれぞれ取ったものである。

建物の形と大きさをあらかじめ設定することで、建築費とその家で快適に暮らせる冷暖房費のランニングコストを算出できる。断熱性能は、国が推奨する次世代省エネ基準を満たすＦＢ工法、壁の断熱性能がその2倍のＦＢスーパー、4倍のＦＢゼロの３タイプから選択できる。

グリーンシードハウスは、高い省エネ性能とその施工実績が評価され、一般財団法人日本地域開発センターが選定する「ハウス・オブ・ザ・イヤー・イン・エナジー」の特別優秀賞を、２０１３年から２０１５年まで3年連続受賞した。さらに、２０１６年には「大賞」を受賞し、どこよりも暖かい省エネ住宅を、どこよりも多くつくっていることが公に証明された。

車の燃費が表示されているように家の燃費の表示を求める動きは全国的に広まる傾向にあり、長

「忙しいママを応援したい」がコンセプトの「ディアママスタイル」

野県は2015年、「環境エネルギー戦略」施策の柱として「建築物における環境エネルギー性能評価制度」を条例化、全国で初めて一般住宅の表示も義務づけられた。さらに、現在同社ではイニシャル・ランニングコストに加え、メンテナンスコスト、そして健康を維持するためのコストの明示にも力を入れている。

ライフスタイルに合わせた住まいを提案

伊那市、中野市に続き、2016年7月、長野市内に「グリーンシードハウス新長野展示場」がオープンした。県内各地に展示場をもつホクシンハウスの新しい展示場で、建物の形、大きさによる燃費表示だったこれまでのグリーンシードハウスに、ライフスタイルごとのコンセプトを加味した「ディアスタイルシリーズ」3棟を展示する。子育てと仕事で大忙しのママを応援する「ディアママスタイル」、仕事や勉強で疲れた家族がリフレッシュできる「ディアリゾートスタイル」、リタイア目前のアクティブシニアにこれからの安心を提案する「ディアウェルネススタイル」のコンセプト住宅だ。さらに、上田市の上田展示場には、車が大好きな人のための「ディアガレージスタイル」が展示され、ラインナップもますます充実して好評を得ている。もちろん、それぞれ本体・工事価格と月の平均冷暖房費をパネルでわかりやすく示している。

グリーンシードハウス展示場で案内役を務める施主の奥様たち。「子育てでリタイアしていましたが、これを機に社会復帰ができました」

モデルハウスの案内役は、全員がホクシンハウスの家を建てた施主の奥様方である。ホクシンハウスに暮らしての冬の暖かさ、夏の涼しさはもちろん、家事や子育てなど、日常の暮らしでの体験談を聞けると好評である。「数ある建築会社の中からホクシンハウスを選び、その家づくりと住み心地に本当に満足した奥様は、その思いを人に伝えたくて仕方がない」と相澤社長はいう。奥様方の働き方はアルバイトから正社員までさまざまで、この人材活用も、相澤社長ならではの柔軟な発想と施主の方々との信頼関係が生んだものだ。

また、通常の現場見学会は、引き渡し前に行われているが、ホクシンハウスではそれだけではない。あえて住んだ後の自分自身の住み心地を語りたいという施主や、自宅にホクシンハウスの旗を掲げる施主もいるという。さらには、建てて10年後の家の見学会「オープンハウス」も毎月行っている。

住まう人、つくる人、みんなの幸せを求めて

「暖かな家づくり」を目指して一歩ずつ歩み続け、間もなく創業から40年を迎える相澤社長。住み心地の快適性から、施工現場も長野県内から県外へと自然に広がっている。ホクシンハウスの輪が全国に広がる中、さまざまな土地で、さまざまな人に出会い、「家づくりという一生に一度の物語のお手伝い」ができる思いを新たにする。

経営を通じた社会へのメッセージ発信も、これまで以上に意識するようになっている。「これからは右肩上がりを期待できる社会ではない。こんな時代だからこそ、よりよい商品の開発と時代の流れを適切に読みとる経営力がいっそう問われる」と相澤社長は語る。「私たちが目指す暖かい家づくりの究極の目的は、住まう人、そしてその工事に携わる人すべての幸せ。そして、この幸せをどれほど多くの人に届けられるか。協力会社や弊社の社員とともに、これからもそんな暖かな家づくりに携わっていきたい」と今日も第一線に立っている。

北信商建株式会社

創　業	1978（昭和53）年1月
事業内容	総合建設業、一般注文住宅
資本金	8,000万円
従業員数	107名
本社住所	【飯綱本社】〒389-1201　長野県上水内郡飯綱町芋川1540 【長野本社】〒381-0024　長野市南長池228-5
電話番号	026-244-3386（長野本社）
URL	http://www.hokushinhouse.com/

丸昌稲垣株式会社

【醸造業】

南信州から
発酵食品で世界を目指す

漬物と味噌製造の老舗蔵元。六代目社長は、大手スーパーと直接取引するナショナルブランドのプライドを捨てて地域に根差した企業に徹する経営改革を実行。オリジナル商品を直販し、さらに問屋部門をもつ強みを生かし、県南部地方の特色ある食材を結集して海外へも販路を広げる。

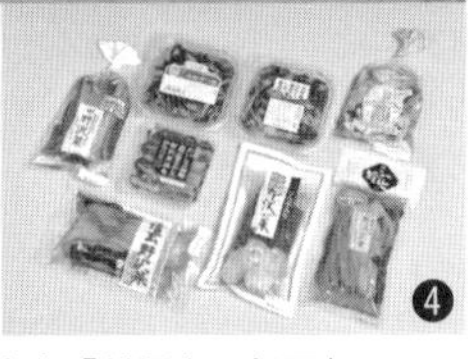

①直販路線の拠点として工場敷地内にオープンさせた直売店「稲垣来三郎匠」
②伝統の木桶熟成が自慢の味噌は、地元産大豆を使うなど高付加価値商品も
③売れ行き順調なヒット商品「信州飯田のねぎだれ」をはじめとする発酵調味料群
④売上の40％を占める漬物。飯田下伊那地域で全国の野沢菜漬の30％を製造

味噌造りで創業し、信州味噌の飛躍とともに発展

野沢菜と味噌漬メインの漬物部門、味噌と甘酒メインの醸造部門、漬物と地場産食材を主に扱う問屋部門。売上14・5億円（2016年12月）における割合はそれぞれ4割、2割、4割。丸昌稲垣株式会社の事業は、以上の3部門からなっている。

経済産業省の工業統計「野菜漬物出荷金額」（2012年）を県別にみると、長野県は和歌山県に次ぐ第2位。同じく「味噌出荷金額」では50％近くのシェアを誇る圧倒的な第1位。丸昌稲垣は県を代表する食品製造業の一端を担っている。とはいえ、漬物も味噌も全国的に消費量は減少傾向にあることは否めない。

そんな中にあって六代目代表取締役社長の稲垣勝俊氏は、次の時代を見据えた、今なすべき改革に着手、ずっと赤字だった部門も黒字化し「売上は減っているが収益は伸びている」という成果を出している。

稲垣勝俊社長

信州南部に位置する飯田市で1925（大正14）年、稲垣昌三氏が創業した味噌と醤油の醸造業が丸昌稲垣の始まり。その前身として、1908（明治41）年の米穀商にさかのぼることができる。昌三氏の父・来三郎《らいざぶろう》氏が興したものである。

終戦直後の1945（昭和20）年11月、昌三氏は丸昌稲垣醸造有限会社を設立して社長に就任。ところが、2年後に発生した「飯田大火」で京都を模した城下町飯田は市街地の約70％が焼け、店舗工場は全焼の被害に遭う。昌三氏は火災の翌年、本社を郊外に移して工場を新設した。

この頃を、信州味噌業界の歩みと照らし合わせてみると、1949（昭和24）年までは「戦後統制時代」に当たり、次の2年間は「共販時代」である。信州味噌の飛躍を目指して首都圏中心に販売問屋組織を整え、長野県味噌工業協同組合連合会を結成し、約300の生産者が団結して共同販売する体制を取ったのだ。効果は目覚ましく県外出荷量は急増。さらに長野県味噌工業協同組合の名前で「信州味噌」の団体商標を取ると、今日まで続く信州味噌黄金時代に突入する。稲垣昌三氏は、この組合の初代理事に名を連ね、また、共販時代に当たる1951年には早くも東京営業所を開設、信州味噌の全国への飛躍と歩調を合わせた。

創業者の稲垣来三郎氏（右・1935年撮影）

スーパーマーケット御三家と直接取引

味噌会社が自前の味噌で漬物事業に進出するのは必然であり、丸昌稲垣も1956（昭和31）年に漬物専用工場を新設した。そして、ちょうどこの年から1958年にかけて、スーパーマーケット御三家と呼ばれることになる西友、ダイエー、イトーヨーカドーの前身が相次いでオープンする。問屋を通じた小売店での販売からスーパーマーケットへという流通革命の始まりだった。小売店で、客が容器持参の素朴な量り売りをしていた味噌会社にとっても一大事だった。

すべて職人の手作業でつくられる木桶熟成の味噌

増産とともに、それまで必要なかったパッケージのための設備投資が生じることになる。この岐路に丸昌稲垣は、味噌のための設備投資をせず漬物部門を拡大する選択をした。実際、味噌は他社から購入して漬物専門会社にシフトする醸造業者もあったのだが、そこまでしなかったおかげで「味噌も漬物も両方そこそこという会社は、全国的にも珍しいと思う」と稲垣社長のいうユニークなメーカーとなったうえ、設備投資をしなかったゆえに温存された昔ながらの木桶熟成の味噌が、今となっては付加価値となっている。

稲垣社長の生まれは流通革命ただ中の1967（昭和42）年だ。幼少時、創業家の親族である父・紘一郎氏が、この漬物を販売するための問屋として丸昌稲垣販売有限会社を設立した。

丸昌稲垣は東京営業所を拠点にスーパーマーケット御三家すべてに野沢菜と味噌漬を納め、大手スーパーと直接取引するナショナルブランドに急成長。供給が不足し、紘一郎氏も自ら工場を建設して漬物製造に乗り出すようになる。問屋が工場をもったことで、同族間の競合となるのを避けるため、1973（昭和48）年に合併、改組して株式会社に。メーカーとして創業した丸昌稲垣が問屋部門をもつのは、このような経緯のためだ。

その後、同族間で交替して社長を務め、1999（平成11）年に紘一郎氏が社長に就任。父から引き継いだ勝俊氏が六代目社長に就任したのが2012年。つくれば売れる時代はとっくに過ぎ去っていた。

ナショナルブランドから飯田を拠点に発信する企業へ

勝俊氏が丸昌稲垣に入社したのは1995年。入社9年目に、電話線を4本引いた会議室と新規事業部長の名刺、それに「5年で年商10億」の目標だけを与えられ、みやげ物店・外食産業・通販・専門店など、つまりスーパー以外の販路を片っ端から自力開拓。スタッフを増員しながら売上目標もほぼクリアという営業一筋の実績を上げた。

当時の会社の方針は売上至上主義。「儲かっているのかいないのかわからない」と感じながらの、がむしゃらな営業だった。社長になって初めて、営業部門が実は一貫して赤字だったこと、30億に達していた年商が思った以上に減っているのを知った。従業員もピーク時の250人から約3

分の1に。製造部門で稼げばいい、老舗にありがちな「なんとかなる」という体質になっていた。

そこで稲垣社長は「人生で一番悩んだ」という決断をする。東京営業所の完全閉鎖である。午後3時半に受注した分を、夜8時までに納品というスーパーの要求に応じるため、工場まで併設し20人体制で稼働した時期もあったが、大きな経費負担が経営を圧迫するようになっていたのだ。

「東京営業所を拠点に大手スーパーと直接取引しているナショナルブランド」という丸昌稲垣の牽引力でもあったプライドを捨て、飯田の地元密着の企業に徹するという大きな改革を実行できたのはなぜか。稲垣社長は以下の点を理由に挙げている。

ひとつは、このプライドが特に強かった世代の社員が定年を迎えるなど世代交代が進んでいたこと。また、「資料がない。家系図もない。無頓着といえば無頓着」というように、米穀商から創業110年を迎えんとする老舗でありながら、代々引き継がれる記録がなかったのも、こだわりをもちにくいという意味で幸いした。さらに、稲垣社長が創業家本流ではないこと。「財産もないので会社を立て直してがんばるしかなかった」のだ。

こうして2014年、東京営業所を閉鎖。スーパーとの取引は問屋経由とした。

「稲垣来三郎匠」ブランドを大々的に展開

地元密着企業に舵を切るうえで、創業者の名前を冠した「稲垣来三郎匠」ブランドがすでに軌道に乗っていたことも後押しした。

「稲垣来三郎匠」は1997（平成9）年、飯田市に地元の特産品販売コーナーを設けたテーマパーク「伊那谷道中（現伊那谷道中かぶちゃん村）」がオープンするのに際し、出店をもちかけられた紘一郎氏が「漬物は京都というだけで高級品。信州というだけで大衆品になるのは悔しい」との思いを反映させて立ち上げたブランドだ。「妥協の産物ではなく、原価が高くなっても産地や製法にこだわっておいしさを追求した」ところ大いに受け、日本一の売上を誇る中央自動車道談合坂サービスエリアからの引き合いも来るなど、直販路線に弾みがついた。スーパー一辺倒からの脱却の契機となったといえよう。

2004（平成16）年には味噌工場の敷地内にあった古い倉庫を撤去し、築130年の古民家を移築した風情あふれる直営店を、このブランド名でオープン。観光農園のひしめく松川村と飯田市内を結ぶ道路沿いという立地から、観光客の立ち寄りスポットにもなっている。オンラインショップ「稲垣来三郎匠」も立ち上げ、今では「稲垣来三郎匠」のブランド商品は160点を数える。

次の課題は、大手漬物企業から仕入れてスーパーに卸しても利益が出ず、取引銀行から撤退を示唆されるまでになっていた問屋部門の扱いだった。新規事業部長時代「行かない、やらないという選択肢はない。訪問回数が売上に比例する」の方針であらゆるチャンネルにアプローチしてきた稲垣社長である。アイデアとバイタリティーには自信がある。「漬物に加え、自分で開拓してきた販路に地元企業の食材を乗せる」ことにした。

もともと営業の際に、飯田の老舗で地元にネットワークがあること、それで地場食材の取りまとめができることをアピールしてきたのが役立った。城下町飯田で評価の高い和菓子、全国の生産量の50％は飯田産という高野豆腐、こんにゃくなど地場食品を、全国の特色ある食品を扱う企業につなぐことで、問屋部門を黒字化できるところまできた。さらにこの延長の新規事業として輸出にも力を入れ始めたことは、後に紹介する。

すでにあるものを生かしてアイデア勝負の商品群

時代に合わせた経営改革をしてきた稲垣社長は、商品についても「新規開発より価値の創出」をポリシーにしている。あるものの組み合わせやアイデアの加味で価値を生み、ヒットに至らない場合は撤退する覚悟をもって商品をつくっている。

稲垣社長のアイデアで誕生し今も売れ行きトップクラスの商品に「信州飯田のねぎだれ」がある。ラー油をベースにそのまま食べられる調味料が大ブームだった2010年前後、商談中に「食べる系の調味料を」の打診を受けた。飯田にはおでんをネギダレで食べる伝統があり、ご当地調味料としてそのまま商品化できると踏んで、その場で本社に電話。伝えたのは「自宅でつくっている方法でいいからすぐに」である。

これを、「余っていたドレッシングのビンに入れて販売したら、在庫7か月分があっという間に

2回転」というヒットとなる。生協で扱われて知名度を上げ、みやげ物店、高速道路のサービスエリア、スーパーの豆腐売り場、グロッサリーショップなど全国的に好調な売れ行きだ。

「新鮮野沢菜」は、200グラムの従来品に対して80グラムにし、すぐに食べられる大きさに切りそろえてパックに入れた野沢菜漬。発売を開始した10年前はさっぱり売れなかったが、単身世帯が当たり前になり、東京では包丁をもたない人も増えている現状から可能性があると判断。定番商品の並ぶスーパーの上段に置くと、安定した売れ行きを示すようになった。

塩だけの野沢菜漬「天日塩」も好評だ。漬け汁で他社と競うのは不毛と感じるようになった稲垣社長が、消費者に素材と塩だけのシンプルな味を提供したいと思いついたもの。色の薄さが好まれる関西で特に好評だという。添加物が少なく日持ちしないので夏場は出荷を休む果断もしている。

発酵が進んで黒くなった味噌に食用竹炭パウダーを加え、さらに黒くして売ったこともある。発酵食品である味噌は腐らない。しかし、一般的に消費者受けするのは淡色系で、濃い色は好まれないという思い込みを逆手にとったものだ。買い替え需要を見込みにくい味噌の売り方としては「普段の味噌に加えて合わせ味噌に」と提案する。稲垣社長のネタ帳にはまだまだアイデアがたくさん詰まっている。

業務用も稲垣社長の得意分野だ。例えば「儲かるはずがない」といわれる手作業での多品種小ロットの調味料類の中から評判の良いものを、ビン詰め作業の不要な業務用に提案する。仙台の牛タン定食用の唐辛子味噌、和食チェーンのふろふき大根用のフキ味噌は、その例である。

具材に野沢菜漬や高野豆腐を使う「吉鍋」

鍋料理に野沢菜漬と高野豆腐を使う「吉鍋」大作戦

稲垣社長は2015年から、飯田漬物協会の会長を務めている。漬物の中でも野沢菜漬は信州の名産品として知名度も高いが、実は南信州の製造量が全国の30%を占めていることは、あまり知られていない。稲垣社長はこの特徴をまず地元の人に知ってもらいながら、新しい食べ方を提案して需要を創造するのもメーカーの役割だと考えている。そこで始めた取り組みのひとつに「吉鍋」プロジェクトがある。

吉鍋の「吉」は歌手の吉幾三氏の吉だ。テレビ番組で、吉氏が野沢菜漬や高野豆腐を入れた鍋をスタッフにふるまうのを偶然みた稲垣社長が、これを地元食材の新しい食べ方提案、ご当地グルメにしようと、公益財団法人南信州・飯田産業センターに相談。吉氏にはプロダクションを通じて名称、レシピ、写真使用の許可を得て、9団体からなる「南信州『吉鍋』研究会」(事務局は同産業センター)を発足させて会長に就任した。研究会メンバーでもある調理師会による料理教室、その他イベント開催など広報活動を積極的に行っている。将来的には地元だけでなく各地への普及を目指しているが、当面の目標は、家庭用および飲食店用のメニュー提案と給食だ。

将来への布石を打ちながら、飯田を輸出の拠点に

社長就任以来の経営改革が一段落し「これからいろいろできる」という稲垣社長。これまでとは異次元の新規事業として、輸出に力を入れ始めている。ロシア、香港、ドバイと、すでに何件かの取引がある。輸出品目として最も有力なのは甘酒だ。

味噌醸造会社にとって、味噌のできを左右するともいえる麹づくりは非常に重要で、その技術を生かしてつくるのが甘酒だ。ノンアルコールで砂糖無添加でも十分に甘く、材料は米と麹のみの発酵食品で、含有成分が似ていることから「飲む点滴」ともいわれるほどの栄養ドリンク。この甘酒の増産を、丸昌稲垣が始めたのは2010年だった。通信販売用に健康＋アルファの商品がいいと確信した営業担当者の発案だった。翌年、多量の原料を確保して本格的な増産態勢をとったところに、東日本大震災と原発事故が起き、節電による夏バテ防止策として甘酒が喧伝されたことで引き合いが一気に増えた。メディアで取り上げられることも多く、安定した人気商品となっている。

この甘酒に、ドリンクバーのスムージー用原料として、ドバイからの引き合いがある。ノンアルコールなのでイスラム圏でも問題なく、原料がシンプルなので、それぞれに書類が必要となる事務手続きも簡易で済む。そしてドバイは、稲垣社長が将来のためにどうしても大事にしたい場所でもある。「日本の胃袋は小さくなるばかり。一方でアフリカの人口は20年後に20億といわれている。毎日10万人のバイヤーが訪れるドバイは、将来のアフリカ進出への布石」というわけだ。ここだけ

は商社を使わず直接取引し、今のところは「損してもいい。勉強だから」と位置づけている。

男性の平均寿命が60代と、先進国の中で特別低いロシアは、長寿世界一の日本の食に関心があり、なかでも発酵食品への注目度が高いという。ロシアでは砂糖に関税がかかるが、それを含まない発酵食品の甘酒はタックスフリーなのも大きな魅力。「ショウガの漬物」も、ピクルス文化のあるロシアへの輸出の候補に挙がっている。

輸出については、先達は飯田のこんにゃくで、白滝がカロリーゼロのヘルシーヌードルとしてドバイに渡っている。飯田漬物協会では経営者講習会を2年間にわたって開いた。しかし、着手したのは丸昌稲垣だけ。そこで、問屋部門の地元食材結集の方向性の延長線上に輸出を置き、行政のバックアップを得て官民一体体制で「飯田を輸出の拠点に」というのが稲垣社長の構想だ。

稲垣社長の目標は南信州地域が食べられる稼ぎだ。これを小さな会社の団結で実現したい。「丸昌稲垣だけの利益を考えるわけにはいきません」。地域の企業としての覚悟と使命感をもっての本領発揮はこれからだ。

丸昌稲垣株式会社

創　業　1925（大正14）年11月
事業内容　味噌、野沢菜漬、味噌漬、山ごぼう漬、小梅漬、浅漬、甘酒、一夜漬味噌の製造・販売、全国漬物名産漬物販売、糀の製造・販売
資本金　5,000万円
従業員数　75名（パート含む）
本社住所　〒395-0004　長野県飯田市上郷黒田2720
電話番号　0265-22-2610(代)
URL　http://www.raizaburou.jp/

株式会社ミマキエンジニアリング

【製造業】

「水と空気以外何にでも印刷します」を実現する開発型企業

株式会社ミマキエンジニアリングは、高い開発力と技術力を武器に独自ブランドの産業用プリンタで世界約150の国と地域へ市場を広げている世界有数の企業。多品種・少量生産への流れを背景にデジタル・オンデマンド生産のマーケットリーダーとなるべく、1000億円企業を目指す。

①開発拠点となっている本社・牧家工場（長野県東御《とうみ》市）
②床や壁も含め、部屋にあるものすべてが株式会社ミマキエンジニアリングのプリンタで印刷されたもの（滋野《しげの》ショールーム）
③幅3.2m、幅広のインクジェットプリンタ「UJV55-320」

あらゆる素材が印刷の対象

プリンタといえば一般には紙に印刷するイメージがある。実際には、私たちの身の回りにある看板や垂れ幕（バナー）、アパレル製品、自動車や電車からスマホケースまで、ありとあらゆるものが印刷の対象となっている。例えば鮮やかな写真やイラストで街中を彩る看板も、かつての職人のペンキによる手仕事から、現在ではインクジェットプリンタによる印刷に代わっている。株式会社ミマキエンジニアリングは、こうしたさまざまな素材に印刷するための産業用のインクジェットプリンタやカッティングプロッタ（図形を切り抜く機器）から、インク、ソフトウェアまでの独自製品を開発・製造し、世界約150の国と地域に向けて製品を提供している東証一部上場企業である。連結売上高（2016年3月期478億円）の約75％を海外で獲得しており、グローバルな事業展開に注力している。

池田和明社長

ターゲットとなっているのはサイングラフィックス（広告・看板）市場、インダストリアルプロダクツ（工業製品・小物類）市場、テキスタイル・アパレル（布地・衣料品）市場の3つの分野で、それぞれに特化した製品を供給している。印刷対象がさまざまであることから、製造されているプリンタの種類は多く、大きさでみれば幅が75センチメートルのものから、3・2メートルのものに至るまで、豊富なラインナップが用意されている。

サイングラフィックスは広告看板のほか、ウィンドウグラフィックスやカーラッピングなどが対象となり、主なプリント素材は塩ビシート、バナーシート、ウィンドウフィルムなどである。インダストリアルプロダクツは多種多様な工業製品が対象であることから、プリント素材もプラスチックやアクリル、ガラス、金属、木材など多岐にわたり、紫外線で硬化・定着するUVインクを利用することで印刷が可能になる。テキスタイル・アパレルは縫製前の生地（テキスタイル）から、Tシャツなどの既製服（アパレル）まで、プリント素材はポリエステル、レーヨン、綿、絹といった布地が対象となる。テキスタイル・アパレル市場は、現在の売上に占める割合は小さいものの、サイズ・名前・背番号などが一枚一枚異なるサッカーのウェアなどのスポーツアパレルやスニーカーといった分野で、オンデマンド印刷の潜在的需要が高いことから、今後の伸びしろが期待される分野である。

大きさも背番号も一つひとつ異なるスポーツウェアは、オンデマンド印刷の需要が高い

本社向かい側の滋野ショールームでは、ミマキの豊富な製品ラインナップはもちろん、実際にミマキのプリンタで印刷されたさまざまな製品例をみることができるのだが、その意外性とバリエーションの豊富さに驚嘆させられる。

開発力を武器に1000億円企業を目指す

ミマキエンジニアリングの創設は1975（昭和50）年にさかのぼる。ちなみに創業の地である北御牧《みまき》村（現東御市）が社名の由来である。「当初は精密部品の組み立てを主としたエンジニアリング会社で、売上は30億～40億円程度の規模で続いていました」と池田和明代表取締役社長（2016年就任）がいうように、最初からプリンタ事業を行っていたわけではなかった。1987（昭和62）年にサイングラフィックス市場向けのカッティングプロッタを独自ブランドで開発する。「その前にCAD用のペンプロッタを製造していたのですが、あまり売上が伸びず、CADのペンをカッターにもち替えて看板業界に参入しました。これをさらにプリントヘッドにもち替えて、1996（平成8）年に看板用のインクジェットプリンタを出しました」と池田社長は語る。

そして2002（平成14）年に出したインクジェットプリンタ「JV3」が爆発的なヒットを記録する。「通常、看板は塩ビシートを使っていて、水性のインクでは雨が降ると流れてしまうので、塩ビシートにインクをとどめておくために前処理が必要だったのですが、定着しやすい溶剤のソルベントインクを使うJV3には、前処理が不要なのが大きかったようです」と池田社長。プリントヘッドから溶剤を直接打ち出すという発想は、それまでの業界の常識を覆すものだった。ここから売上も利益も一気に上がっていく。

2007（平成19）年にはJASDAQ（ジャスダック）に上場、その後世の中は2008年のリーマンショックに見舞われるのだが、その際に開発投資を緩めなかったことは特筆に値するだろう。結果として開発の継続が功を奏し、新しい製品が売れたことで業績もほどなく回復する。

「開発型企業として、他社の真似ではなく『新しさと違い』を重視しています。会社のポリシーとして、売上の7~8%を開発投資に充てることが決まっています。海外市場がメインなので為替の影響を受けやすく、昨年（2016年）イギリスのEU離脱の影響で円高が進んだ際も厳しかったのですが、開発は止めずに、経費削減はむしろほかの部署で行いました。まだまだ業界は発展途上だと思っていますから、しっかり開発投資をして、新しいものをつくっていこうということです」と池田社長がいうように、開発は企業としてのアイデンティティにもなっている。「春と秋に展示会があるのですが、その際にミマキは毎回新製品を出すことを継続しています」（池田社長）。これは開発力あってこそだ。

リーマンショック前の会社の成長期は、主としてサイングラフィックスが牽引していたが、リーマンショック後の売上の急伸は、むしろインダストリアルプロダクツやテキスタイル・アパレル分野が大きく貢献している。こうした需要の変化に好機を逃さず対応できるのは、開発投資の賜物といえるだろう。「産業印刷

ショールームに並ぶプリンタ群

のマーケットはまだ伸びます。新しい領域に進出するということではなく、今のマーケットを深掘りすることで1000億円企業を目指します」と池田社長。

3Dプリンタによるオブジェクト看板の例

3DとIoTが市場に革命をもたらす

1000億円の売上を実現するカギを握るのが、3DとIoTの技術だ。「3Dプリンタは最近いろいろなものが出ていますが、3Dの市場はまだあまりはっきりしていないように思います。現在の市場ではプロトタイプをつくるなど開発用途が主力ですが、私たちは3Dはサイングラフィックスが有望な分野のひとつだと考えています。例えば、立体造形のオブジェクト看板ですす。オブジェクト看板はこれまで製作に莫大な費用がかかっていましたが、3Dプリンタであれば安価にフルカラーのものがつくれます。次世代の看板はそういうかたちになると考えていますので、これでマーケットを引っ張っていきたい」と池田社長は語る。

3Dプリンタによるオブジェクト看板は、バリエーションの広がりはもちろんのこと、費用の面でも大きなインパクトがある。広く普及する可能性が十分にある。そうなれば看板業界や広告業界全体に革命をもたらすだろう。3Dプリンタの開発がマーケットを生み出し、業界を活性化させると同時に、ミマキには利益をもたらす。まさにWin-Winの関係を実践するものだ。

「インダストリアルプロダクツ分野でも魚のルアーなどは、今はかなり高価ですが、ユーザーはいろいろと試行錯誤をしたいと考えているので、3Dプリンタで価格が下がれば喜ばれると思います。アパレル分野ではボタンなども簡単に自分の好きなものがつくれるようになりますし、ファッションでは付け爪なども、それぞれ爪の大きさも形も違いますから、3Dプリンタの需要は高いと思います。これからいろいろと面白いマーケットができてくるはずです」（池田社長）。

IoTについては、「つながる」ことのメリットをプリンタにももたせようというコンセプトで取り組んでいる。例えば、インダストリアルプロダクツの分野であれば、インクジェットプリンタを生産ラインに組み込んで、生産管理システムとつなげることで無人化することも可能になる。

「現状ではせっかくデジタル化を取り入れているのに、プリンタの目の前に工員がいるケースがほとんどです。そこが無人化できることでコストも抑えられます」と池田社長はいう。IoTによる付加価値の創出で、生産ラインを中心としたマーケットの開拓を狙う。

地域密着の営業を展開し各地で実際に触れる展示会を開催

営業については地域密着を重視するアプローチで取り組んでいる。コンシューマ向けのプリンタと異なり、ミマキの顧客はプリンタを使ってビジネスをしている企業である。このため、トラブルなどでマシンが止まれば大きな損失になってしまう。すぐに対応できるようサービス網を充実させる必要がある。「ミマキの営業・保守サービスは基本的に営業2人、サービス2人、業務1人の5人1組でグループをつくって活動しています。5人で一定基準売り上げることを目標とし、実際に達成すると新たに拠点を出していいということにしています。拠点が出せれば裁量が広がって、さらに自由な営業活動ができるようになります。これを進めていくと、結果としてお客様の近くに拠点が置けることになり、電話1本ですぐ駆けつける体制ができるわけです。こうして地域密着を広げていこうという試みです」（池田社長）。現在、ミマキエンジニアリングの拠点は、日本国内に14か所ある。当初5か所だったが、このルールで14か所に増えた。

また、ミニ展戦略という取り組みも行っている。「ミマキのプリンタは大きなものが多いのですが、実際に触っていただかないとなかなか買ってもらえない。そういう機会を増やすために、地域の公民館などを借りてプリンタをもち込み、5社くらいのお客様を招いてプリンタに触っていただく小さな展示会が『ミニ展』です。3か月で日本全国で400回くらい開催しています。少しでも身近に感じていただくための取り組みです」と池田社長は語る。

地域密着としてもうひとつ特徴的なのが、国内や海外各地にラボセンターを配置していることだ。産業用プリンタは顧客によってプリント素材がさまざまであることから、インクの種類やコーティングなどの最適条件をテストする必要がある。ラボセンターはそのテストを行うための施設で、さらに大型のプリンタを試せるデモセンターを東京に設置している。

世界150か国・地域で最適化されたサービスを提供

冒頭で述べたように製品・サービスの提供先は世界約150の国と地域に及び、売上の実に75％を海外で獲得している。グローバル市場でのシェアは、大判プリンタ（A1サイズ以上）の売上ではヒューレット・パッカード、キヤノン、セイコーエプソンに次いで世界第4位（「2015プリンタ市場の全貌」中日社）だが、そのうち紙以外の特殊素材を対象としたプリンタでは世界トップシェアと推定される。

世界中にユーザーがいるため、アジア・アメリカ・ヨーロッパ・オセアニア各地に営業所や代理店を置き、海外でも地域密着の販売・保守サービスを行っている。ラボセンターも順次増設予定だ。

「プリント素材もそうですが、地域によって再現される色も微妙に違ってきます。照明の違いもあるでしょう。また、看板の置き方も、ヨーロッパとアメリカでは異なります。結果的に売れるプリンタも違う。こうしたことはノウハウを重ねないとなかなかわからないことです。そのためにも現場に出向くことが重要なのです。私たちは展示会へも大勢で行っています」と池田社長は語る。

「ミニ展」も世界各地へと展開することで、顧客とコミュニケーションを取りながら市場を確実に広げていっている。

ミマキエンジニアリングは海外展開するにあたり、当初から商社を通さず、自ら販路の開拓を行っている。「商社を使うとお客様の声が聞こえなくなる」と池田社長はいう。現場でユーザーの声を聞くことによりノウハウが蓄積され、開発へとフィードバックされる。このサイクルが開発型企業としての原動力になっている。

インクのグローバル生産にも取り組んでいる。以前は日本と中国で生産したものを世界各地に納品していたが、特殊な仕上がりと表面加飾機能をもつような機能性の高いインクは消費期限が短いという事情もあり、消費地の近くで生産しようという試みである。もちろん輸出コストや、輸送によるリードタイムの削減という目的もある。

営業と技術の視点でイノベーションを導く

ミマキのプリンタが紙用のプリンタと最も違うのが、インクの種類の多さだろう。さまざまな素材に印刷するには多種類のインクが必要になる。「道路交通看板などは簡単に色あせてしまうと危険なので、変色しない耐久性が求められます。こうしたニッチな要件にも応えていく必要がありますす。家庭用プリンタは何十万台とつくられるので、インクも膨大な量が生産されますが種類は限られます。私たちのプリンタは最も売れて1万台くらいですが、それに対して多種類のインクを用意しなければならず、そもそも少量であり、生産体制が異なります」（池田社長）。

用途に応じたさまざまなプリント素材に対して、最適のプリンタとインクの組み合わせを求められるため、これまで蓄積したノウハウが直接営業に生かされることになる。また、売上に占めるインクの比率は30％を超えており、安定的な消耗品ビジネスの柱にもなっている。

しかし何といってもミマキエンジニアリングの強みは、地域密着の営業力と高い開発力を生かしたあくなきイノベーションの追求にある。それはマーケティングの在り方にもみてとれる。

「通常、営業が行うマーケティングは、市場やライバルを分析して、『ここにこういう商品を出すと売れる』という方法で行います。ミマキの場合、その分析方法は勝つためだけでなく、世の中に変革をもたらすことも視野に入れています。そこから技術側のアイデアで新たな市場を創造するようなイノベーションを導くことが重要と考えています」と池田社長は語る。

市場に合わせるのではなく、市場を生み出していくマーケティングのアプローチは、先述した3Dプリンタもそうである。「今でもベンチャーであり、チャレンジャーであると思っています」（池田社長）という同社の哲学が強く表れている。リーマンショック時にも開発投資を緩めなかったことや、技術部門の主力メンバーにトップ

着物の柄もインクジェットプリンタで印刷したもの

も含めて30代の若手を登用していることなど、攻めの姿勢で市場に変革をもたらし続けている。

こうした会社としてのスタイルは、若い社員を中心に成長を促す原動力にもなっている。よく学び、積極的にチャレンジする姿勢は、ミマキエンジニアリングの技術を支える要素のひとつだ。その一方で、池田社長は人材確保の難しさを課題として挙げる。

「特にソフトウェアの技術者が不足しています。IoTをやるにも3Dをやるにもソフトウェア開発が重要になります。しかし、信州ではなかなかこの分野を学ぶ場所がないのが現状です。もちろん全国から来てもらいたいのですが、勤務地が長野だと地理的になかなか難しい」と池田社長はいう。

もうひとつの課題は、世の中へのアピールだという。「株主様から『地味だ』『もっとアピールしろ』とよく言われます」（池田社長）。世界有数の企業でありながらも、製品がコンシューマ展開されていないことで、ミマキの実力が世の中に十分伝わっていないといえる。今後の同社の3DとIoTを柱にした潜在需要の掘り起こしが、アピールの絶好の機会となるに違いない。

株式会社ミミマキエンジニアリング

創業	1975（昭和50）年8月
事業内容	コンピュータ周辺機器およびソフトウェアの開発・製造・販売
資本金	43億5,700万円
従業員数	単体755名 連結1,449名（2016年3月末日現在）
本社住所	〒389-0512 長野県東御市滋野乙2182番地3
電話番号	0268-64-2281㈹
URL	http://ir.mimaki.com/

吉田工業株式会社

【製造業】

一貫生産による高品質の追求で安全な自動車制御の一翼を担う

自動車や二輪車を構成するさまざまな装置類の中でも、人命にかかわる最も重要な機能を果たしているのがブレーキだ。そのブレーキの部品の製造を、鋳造から加工まで一貫生産で手がけている吉田工業株式会社。社員の成長を通じて地域に貢献しつつ、グローバルな市場へこぎ出す。

①長野県佐久市にある本社・グリーンヒル
②創業以来培われてきたアルミ鋳造技術
③金型設計から加工に至る一貫生産体制が競争力の高い製品を生み出す

輸送用機器の重要保安部品を一貫生産

自動車は近年多機能化が著しいが、乗り物である以上、基本性能ともいうべき「走る」「曲がる」「止まる」は、安全性を考えるうえで不具合が許されない機能であり、これらの装置を構成する部品は品質管理上「重要保安部品」と呼ばれている。長野県佐久市に本社を置く吉田工業株式会社は、自動車・二輪車などの輸送用機器のブレーキ用パーツを中心に、重要保安部品の製造を主として手がける企業である。素材から完成品まで、自社での一貫生産により生み出される高品質の製品は、大手自動車部品メーカーや自動車部品サプライヤーから高い評価を得ている。主要取引先は31社を数え、売上は30億円（2017年3月）。

創業は1965（昭和40）年。当初は東御《とうみ》市の自動車部品メーカーである日信工業株式会社の生産ラインの一部として、ブレーキピストンの加工のみを行う業態だった。ブレーキピストンはアルミ鋳物であり、前工程であるアルミ鋳造は発注元の日信工業が行っていたため、入荷待ちなどで仕事が滞るケースがあった。そこでより効率的な生産を行うために、アルミ鋳造も自社で行うことを提案し、日信工業から技術指導を受け、1970（昭和45）年に鋳造と加工の一貫生産を開始した。吉田寧裕《やすひろ》代表取締役社長（2006〈平成18〉年就任）が生まれた年のことだ。

吉田寧裕社長

一貫生産を行うことにはさまざまな利点がある。製品の不良などが発生した場合に、工程をさかのぼって不具合の原因を探りやすくなる。原因が判明すれば、生産ラインに直ちにフィードバックすることもできる。「例えば、加工後の製品にバリ（切断・切削の際に発生する不要な突起）が出て、その原因が素形材（鋳造された加工前の素材）にあることが確認されれば、金型の設計をバリが出ないように改善するといった手を打つことができます」と吉田社長はいう。もし鋳造と加工を別々の会社で行っていて製品に不良が発生した場合、素材と加工のどちらのどの工程に問題があるのかを調べることは容易ではない。つまり一貫生産は何よりも顧客にとってメリットが大きい。加えて、同じ工場でラインが流れれば、工程間に物流が発生しないため、リードタイムを大幅に短縮することができる。社内にも付加価値がもたらされるうえ、顧客にもメリットが出せるのである。

人材の確保と品質向上の取り組み

現在の本社工場は1989（平成元）年に完成した。それまでは1969（昭和44）年に建てられた規模の小さな2工場で製造を行っていたが、ABS（アンチロック・ブレーキ・システム：急ブレーキなどの際に車輪のロックによる滑走発生を低減する装置）を受注したことから、大量生産に対応するために工場を建てた。「そのころは大量生産ありきで、お客様の要求に対応するためには24時間稼働しなければならず、一方で若者の製造業離れが進んでいたこともあり、労働力の不足

1969（昭和44）年、株式会社への改組とともに建設された本社工場

で苦労した時期でした」と吉田社長は語る。

このとき、吉田工業では他社に先駆けて外国人労働者の雇用に踏み切る。「ボリビア人と中国人の社員を採用しました。それも研修目的の採用ではなく、家族ごと受け入れるようなかたちをとっています」（吉田社長）。これにより工場の24時間稼働が可能になった。外国人社員の雇用は「当時は苦しまぎれだった」と吉田社長は話すが、実は彼らの採用が後々に大きな利益をもたらすことになる。

吉田社長はアメリカのコロラド大学デンバー校を卒業後、中小企業大学校を経て1997（平成9）年に入社した。「当時は急成長の時代で、人材不足が続いていて、組織体制が追いつかないことで製品の不具合が出ることがありました。まず人材確保のため、地元の高校を中心に学校回りをしました。もちろんすぐに結果が出るようなことではないので、3年くらい通ってルートを開拓して、来てもらえるようになりました。高齢化にも直面していましたので、継続的に新卒者を採用して血流を良くするという意味も大きかったです」と吉田社長。

一方で、体系的な品質の向上にも取り組んだ。目の前にある問題に対して、真の原因がどこにあるのかを追究し、もとから改善するという方針を徹底した。常に工程全体を考え、ときには顧客に対しても改善提案を積極的に行った。「例えばお客様から受け継いだ金型に品質向上の余地があることがわかれば、私たちのほうで新しい金型をつくらせてくださいという交渉もしました」と吉田社長はいう。

会社の成長と新しい技術への対応

工程の効率化を考えて、人のするべき仕事と機械がするべき仕事を整理したうえで、ロボット化・自動化を進めることも近年の製造業の大きなテーマであり、吉田工業も例外ではない。

「自分でいろいろなケースをみて歩いて、いいと思ったところをキャッチアップしています。ロボット化だけでなく、会社の規模や経営方法、売上規模などから、自分たちのベンチマークとなるような会社を数社設定して、そこに追いつき追い越せるように努力してきました。私が入った当時の売上は9億円くらいだったのですが、ベンチマークに設定したのは売上30億円くらいの会社でした。それくらいの規模であれば、マネジメントの人材を雇えて、自動車部品製造を回していくことができるという理由です」（吉田社長）。

また、絵に描いた餅にならないように、年度計画は目標値に対して各部署が分担して、それぞれに事業計画をもつようなかたちを導入した。その一方で、市場の変化への対応もしなければならなかった。蓄積した技術をどう生かすのか、そして新しい技術をどのように取り込んでいくのか。

「私たちが製造してきたブレーキなどの重要保安部品では、その関連技術は主としてメカトロニクス（機械工学、電気工学、電子工学、情報工学の知識・技術を融合させた技術）だったのですが、自動運転への流れが加速する中で、例えば自動ブレーキのように、メカ制御でなくセンサ技術が重視されるようになってきています。車が知能化して、さまざまな技術と結びついていく。IoTなどもそのひとつです。その中で、私たちはもちろんですが、お客様である部品メーカー自体にこれに対応した技術がないと、あっという間に遅れをとってしまい、強大なコンペティターである世界のメガサプライヤーに勝てない。結果としてM&Aで海外の企業に取り込まれてしまうようなケースも珍しくありません。自動車のマーケットはグローバルであり、それは部品製造を生業とする私たちとて同じことです」と吉田社長は語る。

マーケットを意識した海外展開へ

吉田工業では現在、国内の3か所の工場に加えて、中国の広東省とタイのチョンブリーにそれぞれ海外事業所を展開している。かつて自動車は国内で生産して輸出するものだったが、現在では現地で製造するのが自動車メーカーのスタンダードだ。自動車工場が海外へ出れば、部品メーカーも海外へ出るのか出ないのかを迫られる。そして顧客である部品メーカーが外へ出れば、吉田工業としても決断をしなければならなかった。

「先代社長（吉田徳寧《よしやす》氏）は当時外へ出ることには反対の立場でした。地域の雇用を減らしてしまうことを懸念したためです。地域との関係を考えれば簡単に決めることはできませんでした」（吉田社長）。

それでも顧客の要望もあり、2012年には中国へ進出する。「海外生産は、現地できちんとマネジメントできる人材がいないとうまくいきません。ここでかつて人材難で苦しんでいた当時採用した中国人社員が活躍してくれました。日本語も中国語もできて、技術も確かでマネジメントも学んでいる。彼らがいなければ無理だった」と吉田社長。

自動ラインをもち、製品の耐腐食性、耐摩耗性、装飾性などを向上させるためのアルマイト表面処理を社内で施工することができる

吉田社長は、中国に製造拠点をもつことは安い労働力のためという認識ではない。「中国には大きなマーケットがあります。中国では現在日本車が売れていて、日本全体のマーケットを超えるほどです。そうした中で日系のメーカーと協力していくというのが中国進出の考え方です」（吉田社長）。
また、2015年にはタイに現地法人を設立した。こちらは県内で機械加工を手がける株式会社高松製作所と鋳鉄を生業とするタイの会社と、それぞれのコア技術を生かすべく3社で出資し合うかたちを取っている。タイでは自動車関連の工場が狭い地域に集中して立地していることから、マーケットの動きがよくみえるという。「日本だけでやっているとマーケットをみていないことになる。私たちは好むと好まざるとにかかわらず、グローバル化のど真ん中にいるのです」と吉田社長がいうように、自動車という業界自体がグローバルであり、市場そのものもワールドワイドであるという現実が、タイには凝縮されている。

「国際競争の中で、生産技術では日本が優位にあると思うのですが、悔しいですが、設計技術や規格への取り組み方でなかなか勝てない。例えば日本では各自動車メーカーで規格を競っている間に、海外ではヨーロッパ規格をつくって先に標準化してしまっている。私たちはコア技術を向上させて海外市場でも通用する技術提案をしていかなければならない」と吉田社長は現状と課題を分析する。

3Dプリンタによる金型設計を量産受注の突破口に

国際競争力の強化とともに、次へのチャレンジも忘れていない。吉田工業では新たに事業開発部門を設置して、3Dプリンタを活用した試作事業を展開している。「これまで培ってきたコア技術を、多種多様なお客様に提供することができないかと模索してきました。例えば展示会に出展してブレーキの部品だけを見せたところで、ブレーキの会社しか集まらないわけです。それではビジネスの広がりとしては限りがあります。そこで取り入れたのが３Ｄプリンタです」と吉田社長はいう。通常のように金型で試作品をつくろうとした場合、何十万円もの経費がかかってしまうため、試行錯誤を繰り返すような方法はなかなかできないものだが、３Ｄプリンタであれば、顧客にアプローチするための形状を自由につくることができる。ターゲットに合わせた試作品をつくり、さまざまな展示会に参加しながら顧客を広げていった。

「試作については、現在では２００社くらいの納入実績があります。ただし、試作することだけが目的ではありません。試作を行うにあたっては、各社の開発部門や設計部門とのかかわりが大きくなります。そこで先方の要求を理解してしっかり応えることで、試作だけでなく量産の受注につなげていきたい。かゆいところに手が届くような仕事をすることで、初めて信頼関係を築いていくことができる。試作はその突破口になります」と吉田社長は語る。

吉田工業が導入した３Ｄプリンタは鋳物をつくるために砂を積層していく特殊なもので、県内ではほかに導入事例がないという。こうした事情から全国的にみてもコンペティターは少なく、新規顧客開拓の可能性は高い。「うれしかったのは、３Ｄプリンタによる試作を社員の側からやろうと言い出したことです。彼らもまた量産だけでは今後厳しいという危機感をもって、いろいろなアイデアを考えてくれていた」と吉田社長。

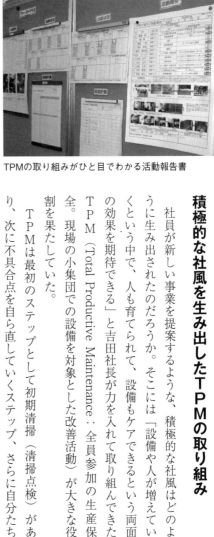

積極的な社風を生み出したＴＰＭの取り組み

社員が新しい事業を提案するような、積極的な社風はどのように生み出されたのだろうか。そこには「設備や人が増えていくという中で、人も育てられて、設備もケアできるという両面の効果を期待できる」と吉田社長が力を入れて取り組んできたＴＰＭ（Total Productive Maintenance：全員参加の生産保全。現場の小集団での設備を対象とした改善活動）が大きな役割を果たしていた。

ＴＰＭは最初のステップとして初期清掃（清掃点検）があり、次に不具合点を自ら直していくステップ、さらに自分たちで独自の基準をつくってそれを守っていくステップという３つの段階がある。吉田工業ではこれを全員参加のチーム単位で実施している。

TPMの取り組みがひと目でわかる活動報告書

「言い出すのは簡単ですが継続するにはそれなりの負荷がかかるため、ＴＰＭを本格的にやっている会社は多くないです。そこで、『役員チーム』をつくって自分も参加しました。成果の発表会を年２回開催して、優秀なチームは表彰するなどのインセンティブも設けました。ＴＰＭは、自分が実際に手を動かすものであり、その成果を整理して発表するという体験は非常に価値のあるものだと感じています。また、こうした行事は社員が一堂に会する機会をつくることになり、一体感を醸成するという意義もあります」と吉田社長は語る。

ＴＰＭの目にみえる効果は、設備の故障が減る、機能を知る、職場がきれいになる、愛着が出るなど多岐にわたるが、それ以上に成果が上がることが社員の自信にもなり、積極性も培われる。その延長線上にあるのが、試作事業の提案だ。

「社員の成長を通してお客様に、あるいは世のため人のために貢献し続けたい」という吉田社長の考えの実践がＴＰＭの取り組みだといえるだろう。

雇用を守り地域へのフィードバックを

また、吉田工業は厚生労働省の「くるみんマーク」（「子育てサポート企業」）の認定と、県の「職場いきいきアドバンスカンパニー」の認証を早い時期に受けていることからもわかるように、女性社員への配慮もひとつの特長になっている。

「少子化や人口減少といった問題の対策に貢献していかなければならないと考えています。例えば子育てがしやすいように、子どもを送り出してから出勤できるような勤務形態の導入や、育児休暇が気兼ねなく取れるような体制も整えています」と吉田社長は語る。

こうした取り組みは、地域に根差す企業として重要なことでもある。吉田工業では２０１０年に、新たな工場として佐久平プラントを稼働させているが、ここはもともと顧客でもあった部品メーカーの工場跡地だ。その会社がM&Aを受けて工場ごと移転した後、２００８（平成20）年のリーマンショックもあり、なかなか買い手がつかないという状況だった。

「地域の雇用を回復させなければならないという使命感もあって購入しました。手に入れたもののしばらく仕事がなく厳しい状況でしたが、他社の事業を引き取って再生させ、アルミ鋳造の自動ラインを構築することで軌道に乗せました。結果として業績的にもリーマンショックからV字回復できたうえに、地元の方々に仕事も生み出せたので、地域を守ることに貢献できたのではないかと思います」（吉田社長）。

グローバルなマーケットで勝負しながらも、地元へのフィードバックを忘れない吉田工業の存在は、地域にとって心強い。子育て対策の充実も「吉田工業で働いている親をみている子どもたちが『いつか自分もここで働きたい』と思ってくれるような会社でありたい」という吉田社長の地域への思いの表れであり、それがこの企業の強みといえるだろう。

吉田工業株式会社

創　業	1965（昭和40）年８月
事業内容	自動車・二輪車の重要保安部品の製造、建設機械、環境、医療、くらし分野の製造、提案
資本金	5,600万円
従業員数	220名
本社住所	〒384-2202 長野県佐久市望月内匠2166番地１
電話番号	0267-53-2151
URL	http://www.yoshidanet.com/

綿半グループ

【卸売業・小売業・建設業・製造業】

「堅実」と「変革」の経営で、時代に合った新しい暮らしづくりに貢献する

長野県飯田市に本店を置く綿半グループは、400年を超える歴史をもつ老舗企業ながら、常に変革を続け業績を伸ばしてきた。金物商から、スーパーセンター事業、建設事業、貿易事業と分野の異なる事業への発展が成功した背景には、既成概念を打破し、変革を恐れない土壌がある。

①

②

③

①生鮮食品まで取り扱う「綿半スーパーセンター」は長野県内に11店舗を展開
②壁面に緑化を施した立体駐車場など、建設事業では自然との共生を目指す
③医薬品、化成品向け天然原料の輸入販売や医薬品原薬の製造を行う貿易事業

織田信長の家臣から綿商いへ

綿半グループは、持株会社の綿半ホールディングス株式会社と分野の異なる3事業の各社でグループが構成されている。スーパーセンター事業には株式会社綿半ホームエイド、株式会社綿半フレッシュマーケット、株式会社綿半Jマート、建設事業には綿半ソリューションズ株式会社、貿易事業には綿半トレーディング株式会社、そしてグループの共同仕入会社である綿半パートナーズ株式会社がある。

綿半の創業は1598（慶長3）年にまでさかのぼる。織田信長の家臣に中谷勘右衛門という武将がいた。1582（天正10）年、本能寺の変で信長が討たれると織田勢は混乱し、中谷勘右衛門は、苗字帯刀を捨て、飯田に移り住んだ。その後、飯田で興した綿の商いが綿半の始まりである。以降当主が代々綿屋半三郎を襲名したことが「綿半」という社名の由来となった。江戸時代には地域の指導者的な役割を果たすと同時に、飯田の地から商品を各地に流通させることで地域の発展に尽力した。明治初期に綿の事業をのれん分けして譲渡。時代の変化を先取りし金物商に転身、鉄鋼、セメントの事業に乗り出した。1947（昭和22）年に市街地の7割が焼失した飯田大火を契機に東京へ進出、1949年には株式会社綿半銅鉄金物店を設立。建設資材の取り扱いを開始した。

野原勇社長

綿半銅鉄金物店になって、2分野に事業を広げた。農機具や家庭用器物の販売を一般向けに展開していって現在のスーパーセンター事業となり、もう一方は建設資材などを「加工して取り付ける作業までやってほしい」という需要があったことから、建設事業への参入となった。

綿半銅鉄金物店から始まった小売事業は、1964（昭和39）年に飯田市内に日用品を販売する綿半デパートをつくり、人々の生活様式が変わる中で家具の需要が大きくなった1969（昭和44）年には伊那市にリビングストアーを開設、と展開していった。1977（昭和52）年には綿半ホームエイドを設立し、ホームセンター事業に進出。同年、長野市内にホームエイド長池店をオープンした。さらに2007（平成19）年にはこの長池店に生鮮食品を導入することで「日用品のワンストップショッピング」を掲げるスーパーセンター事業を確立した。生鮮食品に携わってきた人材を確保して数年かけて準備してのオープンだった。

「スーパーセンター事業には2つの商流があります。『地域によりいいものを安く仕入れて販売する』という流れがひとつ。これで県内に店舗を展開してきました。2つ目は『地域のいいものを外へもっていく』という流れで、県外へ進出する体制を

1949年に設立された株式会社綿半銅鉄金物店

構築しています」と野原勇綿半ホールディングス代表取締役社長は語る。

２０１７年3月現在、綿半ホームエイドは長野県を中心に18店舗（スーパーセンター11店舗、ホームセンター7店舗）、綿半フレッシュマーケットは愛知県に5店舗、綿半Ｊマートは関東甲信越地域に14店舗を展開する。

綿半銅鉄金物店は、１９６６（昭和41）年に綿半鋼機株式会社に商号変更した。建設事業では、建物の内装・屋根外装の事業化を進め、造園工事なども手がけていった。

「鉄骨部門では、自走式大型駐車場を自分たちで受注して施工できる体制をつくり、ショッピングモールや空港など全国に展開していきました。屋根外装部門では、工場の操業を止めずに屋根改修を行う技術を開発したことで、自動車関連メーカーの工場や造船所などを中心に工事を受注しています」と野原社長はいう。造園・緑化工事、建築鉄骨や鋼製橋梁の製作など、建設事業を複合化して、２０１６年綿半ソリューションズが誕生した。

「事業構成として、10年前まではグループの売上のおよそ8割が建設事業でしたが、現在ではスーパーセンター事業での売上が建設事業を上回っています。また、7年前からは貿易事業も本格的に始めています」と野原社長はいう。２０１８年3月期のグループ売上高は１０００億円を超える見通しである。スーパーセンター事業は長野県外へ店舗網を拡大しており、グループ売上高の7割近くを占めるまでに成長している。

キーメッセージは「グリーン」

綿半グループは信州の企業という意識をもちながら県外へ展開した。そのため信州のアイデンティティを生かしたいという思いをもつ。2015年に就任した野原社長は、キーメッセージとして、長野県の特色でもある「グリーン」と「健康」を事業の基本として打ち出した。スーパーセンター事業では県産品を中心に厳選した生鮮食品を扱い、駐車場などの建設事業でも自然との共生を意識してガーデンと一体でデザインするなど、緑化に力を入れて事業を展開している。

「もともとは綿から始まっていますが、金物へ転身して、鉄板や鉄骨を扱うようになるなど、鉄のイメージが強い会社でもあります。ホームセンターも、鍋釜の販売から始まっていますし、商材全体にやはり鉄のイメージが強い。そこで2014年の東京証券取引所市場第二部への上場（2015年に東京証券取引所市場第一部指定）をきっかけに、キーメッセージの『グリーン』に一本筋を通す目的もあり、世界最古で格式の高いイギリスのチェルシーフラワーショーへの出展を目指しました。綿半総合研究所のデザインラボで3年かけて準備をし、2016年ショーガーデン部門でシルバーメダルを受賞しました」と野原社長は語る。これによって綿半グループ全体のキーメッセージは具体的なかたちを取ることができた。

また、デザインラボでは、2014年にガーデンデザインの視点で設計した新しい暮らしの住空間を体験できる「綿半銀座ギャラリー」も開設している。国内・海外の暮らしを紹介するガーデンデザインをメインとしたギャラリーで、世界で活躍中の人、世界に紹介したい人をピックアップする「人間ギャラリー」ともなっている。

チェルシーフラワーショーでは本場イギリスの観客を唸らせた

変革を恐れない土壌が伝統を継承する

「事業のかたちにこだわらないのが私たちのやり方です。例えば、ホームセンターというかたちにはこだわらず、生鮮食品を導入してスーパーセンターへと展開した。貿易も、現在は医薬品と化成品の原料が主流になっていますが、この2つにこだわっているわけではありません。ニーズがあるものを供給しているということです」と野原社長はいう。

貿易事業の主力であるメキシコから輸入する植物性ワックスのキャンデリラワックスは、もともとはプリンターのインクに粘性をもたせるための原料だったが、現在ではヘアワックスなど化粧品分野に使われるようになったものだ。現地のネットワークを使って、いかにニーズのある商品を見つけ出し、供給できるかが鍵を握るという。

「グループ全体としても、10年前は建設事業が主体だったが、現在ではスーパーセンター事業のほうがメインになっている。10年後の自分たちの姿も今のままではないかもしれません。これだけインターネット全盛の時代になっていますから、店舗を構えて営業することがいいのかどうかもわかりません。もしかすると貿易事業が主になっているかもしれないし、もっとほかのことかもしれません」と野原社長。綿半グループは「堅実経営」をグループ経営理念に掲げ、「信頼に対して貢献をもって応える経営」を続けている。長い歴史の中で、伝統の「のれん」と「信用」を受け継いでくることができたのは、変革を恐れない企業としての土壌があったからだ。

「例えば金物商になったときも突然なったのではありません。江戸時代には綿を売っていましたが、農機具などの金物も扱っていました。明治維新になって、海外からいろいろなものが入ってくるようになり、そういう状況の変化の中で主軸を切り替えたのです。そこで守りに入っていたら今はなかった。そのときそのときで自分たちの事業の在り方を、外部環境の変化とすり合わせながら、ときには自己否定もいとわず考えていくことが重要だと思っています」と野原社長は語る。

時代が変わっていく中で、伝統が足かせとなって変化に対応できない老舗は少なくない。「伝統は守っているだけでは継承できない」という野原社長の言葉が、綿半グループの強みを示す。

既成概念にとらわれない経営方針で進む

外部環境の変化とすり合わせをするという緻密な分析は、経営にも反映されている。

「バブルの頃のやり方というのは、とにかく売上をどんどん上げていけば、利益は後からついてくるというものでした。ところが景気が厳しくなってくると、価値を追求することで収益性を上げていかなければいけない。建設事業はそれが顕著で、バブル当時800億円を超える売上があったものが、今は350億円をちょっと切るところまで落ちていますが、利益高はむしろ上がっています」と野原社長はいう。現在、建設事業の利益高は、スーパーセンター事業より高い。

営業もときには「断る」という選択をすることもあるという。「勇気のいることですが、断ることで自分たちの価値を高めることにもなります」と野原社長。既成概念を打破することで経営そのものも変革を恐れない姿を示している。

「私が2012年にグループ内で最初に社長として行った綿半インテック株式会社（現綿半ソリューションズ）は、当時億単位の赤字を出していました。私は再建計画で売上目標を2割削ることとし、1年で黒字を達成できた。なぜかといえば、売上至上主義になると仕事を詰め込みすぎてしまうわけです。結果としてミスが出るし、そのミスをカバーするために赤字になってしまう。あえて売上目標を削ることでミスの解消につなげるということです。普通は営業であれば売上を上げる、現場は納期を守るという指標で動いていますから、そこにはコスト意識が発生しにくい。これは個別の目標管理を設定するやり方の欠点ともいえます。こうしたやり方はバブルの成功体験を引きずった結果であり、当時としては間違っていなかったとしても、今の時代には合っていない」と野原社長はいう。

独自の人財育成と社員即株主制度

綿半グループでは独自の人財育成でも注目されている。「私が入社してまず行ったのは研修制度の構築でした」と野原社長はいう。グループ各社から選抜した次世代の経営者を育成する「次世代経営者育成研修」やグループの全社員が参加する「新規事業研究会」と呼ばれる研修だ。

グループ一体で行われる研修の成果が、業種を越えた連携や協業に生かされている

新規事業研究会では、入社1年目から役員まで、部署やグループの垣根も越えてひとつのチームをつくって新しい事業を考えて、3分間で発表する。この発表会は広い視野で外をみることや、話の核をきちんと見つけて簡潔に説明する力を身につけることにもつながっている。また、グループ内には業種の異なる会社が同居しているため、普段はなかなか社員同士の接点がない。そんな社員同士がこうした研修で顔を合わせることにも意義がある。

「スーパーセンター事業は20～30歳代が主流なのに対して、建設事業は40歳代が多いというようにそれぞれ違いがあるわけですが、この研修では年齢や役職の垣根を取り払ったかたちで行われます。3分で説明するというのは、例えばエレベーターで社長と乗り合わせたようなケースを想定しています。ことの本質を説明できないと話は長くなりがちです」と野原社長。

綿半グループでは、社員の休暇制度も充実している。管理職にも残業手当を支給し、アニバーサリー休暇も取れる。「休むとほかの人に迷惑がかかると心配する社員もいます。しかし、組織としては誰が休暇を取っても仕事が回る体制づくりを心がけています」と野原社長はいう。

また、綿半グループの特長として、社員即株主制度を1950（昭和25）年から導入したことが挙げられる。社員が経営の主役で、力を合わせて会社を盛り立てる文化が根づいている。現在の綿半ホールディングスの筆頭株主は従業員持株会である。「社員や地域の取引先が株主として、綿半グループにかかわることによって地域への貢献や還元につながります」と野原社長は語る。

地域への貢献も企業の大切な取り組みのひとつだ。綿半グループでは地元の飯田で1953年に奨学金制度（「龍峡育英会」）を設立し、地元学生を支援する活動を60年以上継続している。かつて交通機関の整備が十分ではなかった時代には、飯田市に「菁莪《せいが》寮」をつくって、遠方のため高校へ通えない飯田・伊那地方の子どもたちを寮に入れてサポートするなど、これまでにも長いスパンで地域の人財を育てるための慈善事業に力を入れてきた実績がある。現在も、「わたしの『ふる里自慢』絵画コンクール」を主催し、地元の野球場をスポンサードするなど、少年少女の育成支援に取り組んでいる。「いい人財が育てば地域の発展につながり、地域が活性化すればゆくゆくは会社にも還元されることになります」（野原社長）。

スーパーセンターは人と人との交流を提案する

現在、グループの売上の70%近くを占めているスーパーセンター事業だが、今後、インターネットショッピングは脅威になるだろう。消費者にしてみれば家に居ながら好きなものを買うことができ、売るほうにしてみれば、店舗が必要ないことや店員の人件費を節減できる。しかし、野原社長は「インターネットの時代だからこそ、人と人との接点が大事になる」と考える。

「スーパーセンターは、従来ホームセンターで買っていた日用品と、スーパーで買っていた生鮮食品をワンストップで買えるかたちにしたものです。ワンストップショッピングの目的のひとつは買い物時間の短縮にありますが、それだけであれば、突き詰めていくとクリックで買えるネットショッピングに人は流れてしまいます。しかし、いわゆる『買い物難民』の本当の問題はそこではなく、人と人との接点を求めている点にある。そこに応えていかなければなりません」と野原社長はいう。綿半グループでは「時間をどう使うのか」というテーマで滞留型の店舗を志向して

滞留型店舗のひとつのかたちとして、ボタニカルコーナーにカフェスペースを設けた綿半ホームエイド庄内店（松本市）

いる。

「店舗をもつことそのものがいいのかどうかという判断が必要になるときが来るかもしれません。その結果、現在の事業もこの先また全然違うかたちになるかもしれません。店舗があるという意味を考える中で、現在は意図的に一個一個が違う『グリーン』や『食品』など、『生もの』を扱うことで、実際に目でみて買っていただくところにシフトしています。そこに、自然豊かな農業県、長野の魅力が生きています」（野原社長）。

建設事業は、アルミ大型断熱サッシ「GLAMO」を開発し、台湾で製造、ミャンマーに駐車場事業開拓のため現地法人を設立するなど、長野県で培った技術力を武器に海外への展開をますます加速させている。

綿半グループのミッションは「絶え間なき暮らしの変革」ということにある。そのためには立ち止まることなく、どんどん新しいものを取り入れて、綿半グループ自らが時代を創っていくのだ。グループ内における事業の淘汰も、社内の変革もいとわない企業としての土壌が、今後も綿半グループを大きく育てていくに違いない。

綿半グループ（綿半ホールディングス株式会社）

創　業	1598（慶長３）年（設立1949〈昭和24〉年２月）
事業内容	スーパーセンター事業、建設事業、貿易事業
資本金	９億5,140万４千円
従業員数	連結3,963名（平均臨時雇用者数2,783名含む）
本社住所	【本店】〒395-0151　長野県飯田市北方1023-1 【本社】〒160-0004　東京都新宿区四谷1-4　綿半野原ビル
電話番号	03-3341-2766（代表）
URL	http://www.watahan.co.jp/

あとがき

15社の取材で長野県下各地を訪れると、同じ県内でありながら、その土地土地の気候風土や文化の違いに、あらためて驚かされることがありました。それぞれの地域がもつ個性を、いかに地域の活性化へとつなげていくかに、今、注目が集まっています。

本書で紹介した各企業にも、きらりと光る個性がありました。創意工夫をこらした商品を提供する、オリジナルの高い技術を生かして製品をつくる、新しい視点で顧客のニーズをつかむ――。いずれも、地域や市場で確固たる存在感を放つ、伸びゆく企業ばかりです。

そのわけは、常に顧客の目線に立ち、誠実に一途に、自社の得意分野を磨き続ける姿、顧客も社員も幸せにしたい、地域を豊かにしたいという志でした。そして、そこで働く人がみな生き生きとしていること。ここに一番の答えがあるのではないでしょうか。

阿部守一知事には、巻頭で長野県の産業経済の成長を目指したさまざまな取り組みをお話しいただきました。ありがとうございました。また、企業および関係者の皆様には、お忙しい中を取材や問い合わせなどに快く協力していただき、厚く御礼申し上げます。

２０１７年５月

第一企画株式会社

第一企画
長野県長野市を拠点に、企画・デザイン・取材・ライティング・撮影・印刷までをトータルにプロデュースする総合企画会社。長野県の自治体や企業の広報・広告・出版物など、多方面にわたる編集・ディレクションを手がける一方、在京の大手出版社の依頼によるさまざまなジャンルの企画制作も行っている。
http://www.d1k-c.jp/

本書の取材・執筆（50音順）
遠藤　宏之（えんどう・ひろゆき）
川畑　英毅（かわばた・ひでき）
北島　宗雄（きたじま・むねお）
北原　広子（きたはら・ひろこ）
辻村多佳志（つじむら・たかし）

信州を元気にする注目企業15社

2017年５月24日　第１刷発行

編　　者　第一企画
発 行 所　ダイヤモンド社
〒150-8409　東京都渋谷区神宮前6-12-17
http://www.diamond.co.jp/
電話　03-5778-7235（編集）　03-5778-7240（販売）
装　　丁　第一企画
製作進行　ダイヤモンド・グラフィック社
印　　刷　亜細亜印刷（本文）・共栄メディア（カバー）
製　　本　ブックアート
編集担当　浅沼　紀夫

ISBN 978-4-478-10215-2